昭和少年少女
ときめき図鑑

市橋芳則＋伊藤明良 著

河出書房新社

はじめに……004

コラム　昭和的な時間……008

第1章　幼い頃のハジメテ・トキメキの体験——009

1●お食い初め……010
2●歩きはじめる——歩行器……013
3●歩きはじめる——カタカタ……016
4●いつも一緒にいた——初めての相棒……020
5●手作りのぬいぐるみ……024
6●もじあそび——「あいうえお」を絵と組み合わせて……026
7●もじあそび——時代を映す絵柄……028
8●立体を意識しはじめる……030
9●指を折って数える……034
10●初めての通園……036
11●初めて自転車に乗れた！……040
12●遊園地・百貨店屋上の乗り物……043
13●雑誌も入学準備号・お祝い号……046
14●入学式を迎える準備……047
15●夏休みのこづかい帳……052
16●カメラ少年・切手少年……054
17●クリスマス……056

コラム　ベビーのお部屋のプラン……014
コラム　玩具の大きな役割とは……018
コラム　わたしの赤ちゃん！——百貨店で子ども用品……022
コラム　かわいい夢がいっぱい——子ども用品……032
コラム　幼い頃のお出かけ……038
コラム　遊園地……044
コラム　百貨店に出かけた幼い日——名古屋駅と百貨店の包装紙……045
コラム　弁当箱——アルミ製にマンガやアニメキャラクター……050
コラム　栄養不足を補う給食……051
考証　昭和という時代……060
コラム　昭和のトイレ事情……062

第2章　少年少女のあこがれ・羨望の的——063

1●ノスタルジックフューチャー……064
2●禁じられた遊び——火薬を使った玩具……068
3●駄菓子屋さんという社交場……071
4●少年探偵団……073
5●日光写真……075
6●ブリキの潜水艦……077
7●宝箱……079
8●少女の宝箱……080
9●少年の宝箱……084
10●セルロイドのおもちゃ……086
11●ボードゲーム……088

12 少女雑誌……091
13 少年雑誌……094
14 大人への階段……096
15 歌謡集——最新の流行歌を知りたい！……098
16 ソノシート……100
17 当たれ！ 懸賞……102
18 あこがれの乗り物……104
19 あこがれの文房具屋さん……106
20 ファンシーショップの登場……109
21 東京オリンピック……110
22 日本万国博覧会というビッグイベント……112
コラム ブリキ製ピストルと巻き玉……070
コラム 野球盤年代記……089
コラム 内藤ルネ……092
コラム 睡眠学習機……095
コラム 少女雑誌と万年筆……108

第3章 かわいいを身にまとう——115

1 子ども服……116
2 アップリケ……118
3 雨降り……120
4 あこがれのファッションを再現……122
5 あこがれのファッション・コレクション……124
6 キャシーちゃん用の替え衣装……126

第4章 大好物はどんなもの？——127

1 カレーライス……128
2 日本のインスタントカレー略史……130
3 キャラメル……132
4 ドロップ……134
5 牛乳、コーヒー牛乳と乳酸菌飲料……136
6 粉末ジュース……138
7 群雄割拠・缶コーヒー……139
8 飲料水の自動販売機……140

第5章 暮らしのデザイン——141

1 花柄一色の台所……142
2 ハンガーボード……148
3 エジプト柄……150
4 土器柄……153
5 貯金箱……155
6 フルーツこけし……157
7 文学作品こけし……159
8 合体家電……161
9 家電もどき……163
10 民具の顔の家電……164

おわりに／昭和日常博物館……166

はじめに

あの頃の感情を思い出す

博物館・美術館には、貴重な文化遺産・歴史資料・芸術品などが収集・展示されている。したがってある意味、私たちの日常生活とは切り離された非日常的なイメージをそこに抱く。太古《たいこ》からの人類の遺産、巨大な恐竜の化石、稀《まれ》な美術品、使われなくなった民具など、博物館における展示の対象は枚挙《まいきょ》に暇《いとま》がない。

愛知県にある北名古屋《きたなごや》市歴史民俗資料館、別名「昭和日常博《しょうわにちじょうはく》物館《ぶっかん》」は、その名前のとおり、昭和時代のごくありふれた日常生活のなかで使われたものを収集・展示の対象とし、それらのものの周辺に起こった細かな事象などまでつぶさに集めることによって当時の暮らしを再現していこうと試みている。したがって、暮らしのなかにかつて存在したものはすべてが収集対象であり、展示対象となっている。

本書で紹介するさまざまなものは、この昭和日常博物館のコレクションである。

博物館で扱う資料としては新しい「昭和時代」。なかでも、生活が著しく変化した戦後から高度経済成長期、さらにはバブル時代へと向かう時期にかけての、人々の日常生活、暮らしを少年少女の視点で覗いていく。

ナツカシサを語る際には、あの頃のタノシカッタことやウレシ

カッタこと、オイシカッタものだけでなく、ツラカッタこと、カナシカッタこと、マズカッタもの、さらには、人に相談できないような悩み、異性への関心、恋、性への目覚めなども対象となる。少年少女であった頃の思い出のなかに潜《ひそ》んでいる、こと細かな情報をモノから引き出してみる。

あこがれる。夢を抱《いだ》く。期待する。悩む。悲しむ。憤《いきどお》る。さまざまな感情が湧き出していたあの頃の、あらゆる感情を思い起こしてみたい。

心を探る企画展の数々

そのリードとして用いるのが、昭和日常博物館で開催した企画

［右］北名古屋市歴史民俗資料館、別名「昭和日常博物館」のロビー展示。来館者が最初に目にする昭和時代の情景展示。当時の実物資料が思い出のなかの景色をよみがえらせる。
［左］暮らしのなかにあったものはすべて博物館資料となる。これら雑多なものが、暮らしを再現し、考えるための貴重な資料である。

展である。

企画展のもととなる昭和日常博物館コレクションの構築は、さまざまな視点や方法から行っている。時代という視点から昭和30年代（1955〜）から昭和40年代（1965〜）の資料を集めるという方法、ひとつのテーマを視点とし、その物事に関してできるだけ詳細な資料を集めていくという方法、当時の暮らしをモノで再現するという視点のなかで、そこに必要な資料を整えていくという方法、など。

また、集まってきたコレクションを編集することによって、数々の暮らしの心を展示として再現するという活動に直結している。昭和時代に特化した博物館、物事を詳細に扱っていく博物館であるからこそ、当時の資料をさまざまな視点から企画展として表現することができるようになっている。

こうした資料のなかには、「三種《さんしゅ》の神器《じんぎ》」などつねに筆頭に上がる資料のほかに、暮らしには欠かせないが、さほど意識されるわけでもないモノ、たとえば、日常的に使われていたごみ箱、便所の紙入れ、ヒューズなども多い。あまりにも日常的であったからこそ、記録や記憶に残ることなく消え去っていくモノは少なくない。

そういったモノを博物館資料としての対象にすることの必要性や意味を考え、「当時のごみ箱の中身まで再現できるレベルでモノを集める」をキイワードとして活動している。昭和時代のごみ箱をひっくり返して探ってみよう。

［左上］茶の間の再現。ごみ箱の中身まで再現できるレベルでモノを集めることにより、こまやかなシーンの再現が可能となった。

［左下］街並みの情景再現。ホーロー看板、丸型郵便ポスト、さらには、当時の建具や理髪店のサインポールまで、街のなかにあったモノも同様に集める。

自動車とオートバイが並ぶ「暮らしとモータリゼーション」をテーマにした常設展示。富士重工業のスバル360は、軽自動車とは思えない広い車内空間と低価格で人気を博した。愛称は「てんとうむし」。

女性自身

キリンジュース
三ツ矢ソース

コラム

昭和的な時間

1年365日は基本的に変わらないし、1日24時間であることも同様である。しかし、体感日数や体感時間は年々短くなっていく気がする。子どもの頃は、1年がとても長い時間のように感じられたのが、年齢を重ねるにつれ、あっという間に流れていくようになった。

年齢を重ねた結果というだけでなく、50年ほど前と現在とを比較すると、時間の流れが急激に圧縮されていることに気づく。たとえば、こんなエピソードがある。

黒電話を小学生に「かけてごらん」と提示すると、かけ方がわからない子どもがほとんどで、ダイヤルの穴に指を入れて回し、戻ってくるのを待つのを教えることになった。すると、自分の家の電話番号を回すのに「遅い」を連発する子どもが大半を占めた。たしかにプッシュ式や短縮番号、さらには、相手先の番号を登録、検索してかける方法と比較すれば、ダイヤルを回してから戻る時間はかなり長く感じられる。昭和30年代から、ついこのあいだまで、電話をかけるのに当然、必要な時間であったのだが。

便利になることは、時間をかけないですませることでもある。ダイヤルを回して電話をかけていた時間から、今電話をかけるのに必要な時間を差し引いた分は何に使われているのだろう。かまどに火をおこしてご飯を炊いていた時間は？　洗濯板《せんたくいた》を使って手洗いしていた時間は？　少し前の道具から思い起こされる記憶から、まさに「昭和時間」といえる時の流れを感じることができる。

4号A自動式電話機（1963年［昭和38］登録）。通称「黒電話」。
1から0の10個の数字を回すダイヤル式の電話機。

幼い頃、することなすことが初体験である。
初めて食べるもの、飲むもの。
初めて発した言葉。
歩く、走る。
三輪車に乗る、自転車に乗れるようになる。
学校へ行く。
子どもにとってドキドキの体験であり、
親にとってもトキメキの積み重ねである。
この章では、昭和時代の少年少女の
「ハジメテ」のあんなコトやこんなコトを
振り返ってみる。

第1章 幼い頃のハジメテ・トキメキの体験

お食い初め食器。左は漆器で、後方にある高杯に歯固（はがた）めの小石を載せた。右はプラスチック製。

子ども用食器。祝いごとの際に用いられた茶碗と皿。鶴、張り子の犬、伊勢エビなど縁起物の絵柄で彩られている。

❶ お食い初め

生後100日経った頃に行う「お食《く》い初《ぞ》め」という通過儀礼《つうかぎれい》がある。お食い初めに用いられるお膳のセットは、古くは漆塗《うるしぬ》りのものが用いられていたが、昭和30年代（1955〜）にはプラスチック製のものも登場する。男の子なら内外とも朱塗《しゆぬ》り、女の子なら外側が黒塗《くろぬ》りで内側が朱塗りの漆器《しつき》を用いる。

お食い初め用の献立は「一汁《いちじゆう》三菜《さんさい》」が基本で、鯛《たい》などの尾頭《おかしら》つきの焼き魚、吸い物（鯛、鯉など）、煮物、香《こう》の物、赤飯《せきはん》、さらに、丈夫な歯が生えるように、歯固《はがた》めの小石を添えたりした。

地域によっては、初めて魚を口にすることから「真魚始《まなはじ》め」、生後100日頃に行うことから「百《もも》日《か》の祝い」、その他「歯固め」、

お食い初め膳。お食い初めの儀礼のため用意された食膳。赤飯、尾頭（おかしら）つきの鯛の焼き物が添えられている。1963年（昭和38）。

お食い初めの食膳を前にする親子。本当に食べるわけではないが、口元に運び、ふれる程度の仕草を繰り返し、健やかな成長を願った。1963年（昭和38）。

「箸始《はしはじ》め」と呼ぶこともあり、スタイルもさまざまである。

現在でも各地で行われている通過儀礼である。

赤ちゃんはどこで産まれたか?

1960年（昭和35）頃まで、出産は「お産婆《さんば》さん」によって自宅で産むのが主流であった。その後、病院や診療所での出産が増加し、1970年（昭和45）以降は、自宅での出産は、あまり見られなくなっている。「団塊《だんかい》の世代」と呼ばれる、戦後すぐのベビーブームに産まれた方の多くは自宅出産であったことがうかがわれる。

戦前は「産婆」とか「お産婆さん」と呼ばれた職業は、1948年（昭和23）には「助産婦《じょさんぷ》」という名称になり、現在は、2002年（平成14）に変更された「保健師助産師看護師法」により「助産師《じょさんし》」と改められている。

赤ちゃんの行事

赤ちゃんの誕生は一家にとって大きな喜びであるだけに　古くからこれをお祝いする行事がいくつも定められています

〈お七夜〉　出生後７日目家族や近親　出産のためにとくにお世話になった人々をおまねきして　お祝いします　またお七夜には命名式をおこなうのがならわしとなっています

〈お宮詣り〉　男児出生後31日目　女児は33日目（関西では男・32日目　女・33日目）土地の氏神へ初めてのお詣りをして　赤ちゃんの幸福をお祈りします　（写真右・女児のお祝着…16,000円　左・男児のしめ…15,000円　写真下左・三点セット…1,600円）

〈お喰い初め〉　生後　120日目にお祝いします　そろそろ離乳期に入りますから　かわいい食器を用意するのがふさわしいでしょう　（写真右・お喰い初めセット…450円位）

〈初節句〉　男児は５月５日女児は３月３日　一年未満に迎える節句で　赤ちゃんの健康な成長をお祝いします

赤ちゃんのお祝いの行事として、お七夜、お宮参り、お食い初め、初節句の紹介とその必需品を紹介している。
（『ママといっしょに一育児手帖』松坂屋 昭和30年代後半）

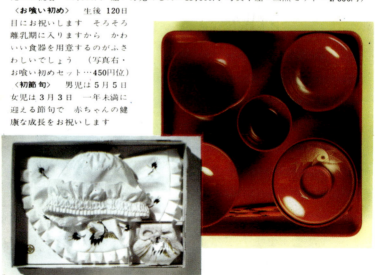

［右］木製のサークル形歩行器。サドル形の座面に腰かけた状態で足がしっかり床面につくようにセットし、歩く練習をする。昭和30年代前半。

［右下］椅子形の歩行器。椅子としても歩行器としても使えるもの。昭和30年代後半。小さなテーブルには、色とりどりの数え玉が取りつけられている。

椅子形の歩行器で歩く練習。座敷の床の間の前で撮影。1960年（昭和35）。

❷ 歩きはじめる

——歩行器

よちよち歩きやつかまり立ちが始まると登場するのが歩《ほ》行器《こうき》である。サークル形、もしくは椅子形の歩行を補助する器具で、歩行器の内側には立った状態をサポートする自転車のサドルのような形をした座面や体を支えるベルトなどがついている。また、椅子形は、サドル形の座面を長方形の座面におきかえることで、椅子としても使うことができる。

昭和30年代半ば頃までの写真には、木製でサドル形の座面が布張りのサークル形がよく見られた。昭和30年代後半以降には、金属製のフレームにビニール貼りでクッション性の高い背もたれや座面、また、犬や猫などイラスト入りのものへと変化した。

コラム

ベビーのお部屋のプラン

百貨店の松坂屋が発行した『ママといっしょに―育児手帖』には、「お部屋のプラン」として「ベビーのお部屋のプランをかんがえましょう　お部屋の色彩は全体としてやわらかな　あたたかみのある　淡色がふさわしいのです　こんなおこころ使いは　やがて成長されたお子さまに　色彩にたいする豊富な感覚を与えます　そして　ベビーの時代から　発育にそって　それにふさわしい〝道具と環境〟を与えることは　あなたのお子さまに　一つ一つ〝生活のちえ〟を与えることにもなるのです」と育児用品を紹介している。

妊娠から出産、子育ての心得と必需品を紹介。(『ママといっしょに一育児手帖』松坂屋 昭和30年代後半)

❶整理たんす ▶ 4100円位
❷ベビーたんす ▶ 6700円位
❸おもちゃ棚 ▶ 5600円位
❹ハイチェアー ▶ 3400円位
❺歩行器 ▶ 1350円位
❻木椅子 ▶ 550円位
❼パイプ椅子 ▶ 1700円位
❽籐椅子 ▶ 1200円位
❾テーブル ▶ 1600円位
❿体重計 ▶ 2600円位
⓫おまる ▶ 980円位
⓬歩行兼用椅子 ▶ 1400円位
⓭パイプベッド ▶ 3800円位
⓮天吊かや ▶ 1500円位

③ 歩きはじめる
——カタカタ

カタカタは幼い頃の記憶に残るか残らないか、ギリギリのものである。カタカタを楽しむ、あるいはカタカタを使って歩く練習をするのは、おおむね1歳半のことである。

私のアルバムにはカタカタを押して楽しげに歩いている姿の写真が何枚も登場している。

手押し車を押していくと、車軸《しゃじく》につけられた突起によってウサギや犬や鳥といった動物が、カタカタと順番に跳ね上がる構造になっている。跳ね上がる動物に興味をそそられながら、前へ前へと歩んでいきたくなる道具である。また、前輪の車軸に取りつけられた筒に鈴が入っているものもあり、カタカタ音とともに鈴の音が歩いていることを親に伝え、子どもも愉快

時代とともにデザインが変わっていくカタカタ。
［手前］跳ねる動物からの連想か、ウサギがよく用いられた。昭和30年代。
［右］新幹線が描かれている。昭和40年代。

縁側におかれた編み機の前で、カタカタにつかまり立ち。1964年（昭和39）。

であった。

車軸の突起物が折れたり外れたりして、跳ねなくなるということもよくあった。

昭和初期のものと思われるやや怖い顔をしたウサギが跳ねるものから、新幹線などが描かれたものもあり、時代の流行を映している。

室内でも、屋外でも、カタカタとともに歩いた。
すでにカタカタは必要ないくらい軽快な歩み。1964年（昭和39）。

昭和初期頃のカタカタ。4色に彩られたウサギが跳ねる。

車軸に取りつけられた筒に鈴が入っており、進むたびにチャリチャリと鈴の音が鳴る。昭和40年代。

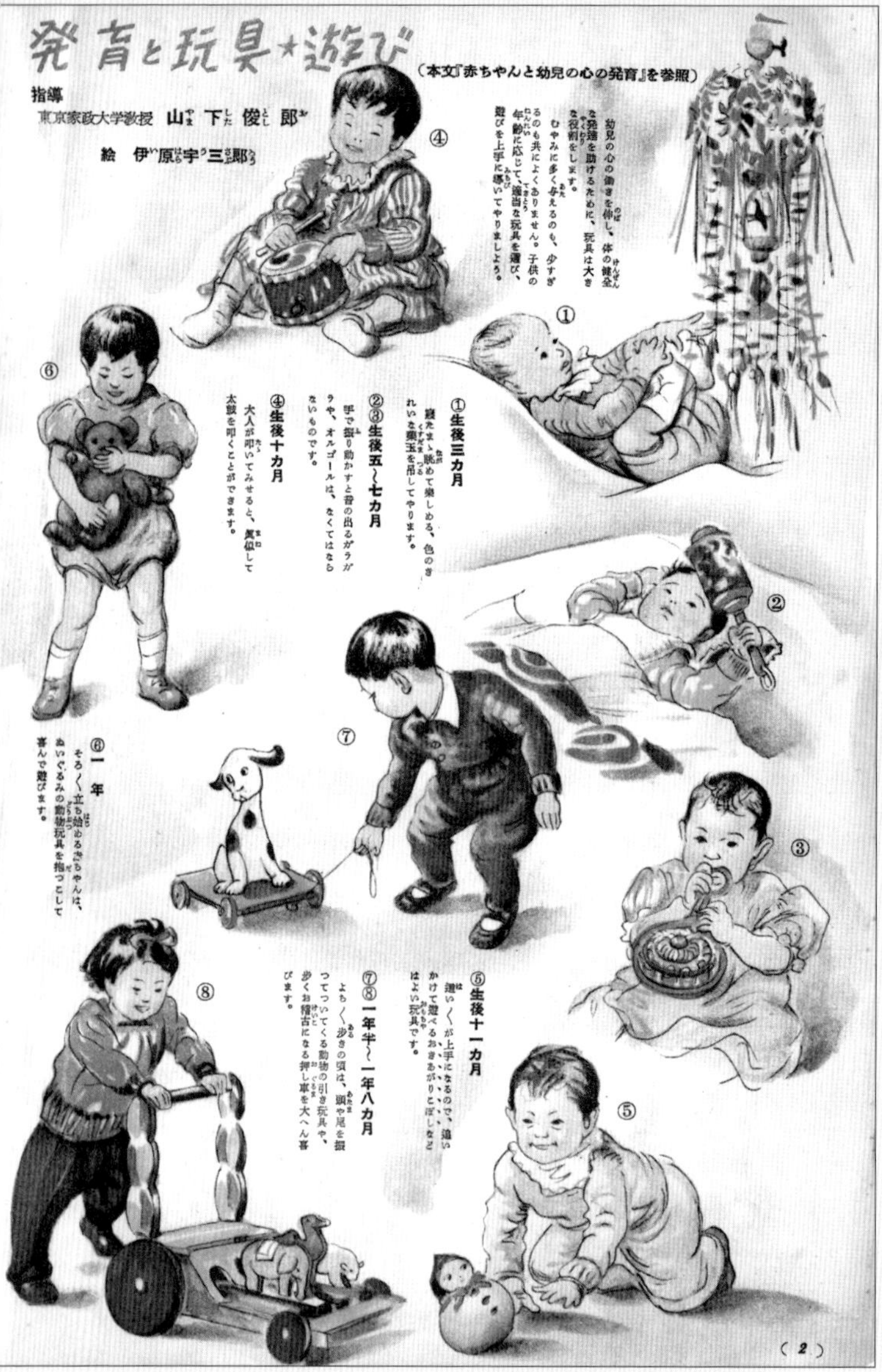

コラム

玩具の大きな役割とは

生後5か月から7か月…手で振り動かすと音の出るガラガラや、オルゴールは、なくてはならないものです。

生後10か月…大人が叩いてみせると、真似して太鼓を叩くことができます。

生後11か月…這い這いが上手になるので、追いかけて遊べるおきあがりこぼしなどはよい玩具です。

1年…そろそろ立ち始める赤ちゃんは、ぬいぐるみの動物玩具を抱っこして喜んで遊びます。

1年半から1年8か月…よちよち歩きの頃は、頭や尾を振ってついてくる動物の引き玩具や、歩くお稽古になる押し車を大へん喜びます。

子どもの成長にあわせた玩具を紹介。

2歳…人形は、女の子らしい情操を養うによいもの。やや大きめの、ぬいぐるみのものなどを与えると大喜びでかわいがります。男の子は、自動車や汽車で遊ぶのが大好きですから、こわれにくい、丈夫なものを選んで与えます。

3歳…積木でいろいろの形を作ることは、創造能力を高めるのに大そう役立ちます。この頃は、大人に引いてもらったり、自分で地面を蹴って動かしたりする、三輪車のようなものが大好きです。

（「赤ちゃんと幼児の発育と玩具・遊び」『誕生から入学までの育児としつけ全集』『主婦之友』2月号付録　1951年［昭和26］主婦之友社）

4 いつも一緒にいた——初めての相棒

［左］大好きな人形と一緒。大きな顔に大きな瞳のこの人形は、当時、大流行しており、多くの子どもたちが抱きかかえた。1957年（昭和32）。
［右］木製の電車のおもちゃにまたがる。コーデュロイのズボンに毛糸の帽子をかぶり、寒さ対策ばっちりで外遊び。1959年（昭和34）。

縁側で人形遊び。当時人気を博したポーズ人形と、かたわらには赤ちゃんの頃から一緒にすごしている人形が座る。抱きかかえているのは、紐を引くとおしゃべりする人形。1958年（昭和33）。

生まれた頃に買ってもらった起きあがりこぼしの人形。長いつきあいの始まり。1963年（昭和38）。

おもちゃ、ぬいぐるみ、人形、怪獣《かいじゅう》の人形など、物心がつくかつかないかの頃から起きているときも寝ているときも一緒にすごした相棒《あいぼう》ともいえる存在がある。

昭和30年代（1955〜）頃の写真を見ていくと、赤ちゃんのかたわらには起きあがりこぼしやガラガラ、赤ちゃんと同じくらいの大きさのぬいぐるみなどが一緒に写っている。

ぬいぐるみのほかにも、空気を入れると膨らむタイプのビニール製の柔らかいおもちゃが写っていることも多い。私自身の幼い頃の写真にも、母親が作ったであろう犬のぬいぐるみが一緒に写っている。

当時よく相棒にしていたぬいぐるみは犬、猫、熊などがよく見られる。1972年（昭和47）10月28日、ジャイアントパンダが初来日。「カンカン」、「ランラン」は大人

日なたぼっこする祖母と、犬と孫の相手をする祖父。「ちび」と呼ばれた愛犬は、小学校5年生までの相棒。1964年（昭和39）。

家族のマスコットでもあったかわいい犬のぬいぐるみ。1962年（昭和37）。

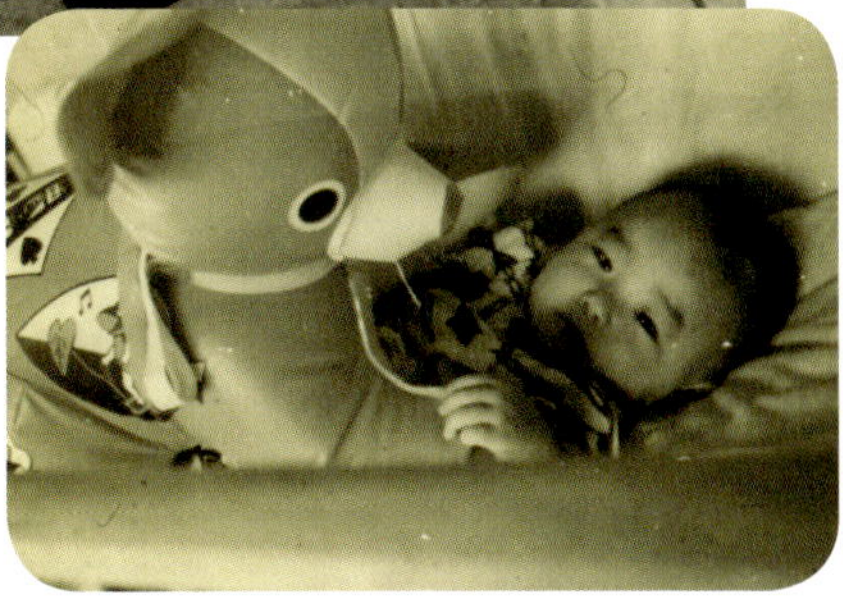

空気を入れて膨らませるビニール製のおもちゃ。

パンダフィーバー

1972年（昭和47）11月5日、来日してまもないジャイアントパンダが一般公開された。ジャイアントパンダ来日のきっかけは、日本と中国が国交を結んだことによる。当時の田《た》中角栄《なかかくえい》内閣総理大臣が、総理大臣として初めて中国を訪問、日中共同声明の調印を行い、国交が正常化した。

これをきっかけとして、上野動物園にジャイアントパンダ2頭が贈られた。名前は「カンカン（康康）」と「ランラン（蘭蘭）」。カンカンは1970年（昭和45）生まれの雄、ランランは1968年（昭和43）生まれの雌。

上野動物園のジャイアントパンダを見るために1日20万人以上がつめかけることもあり、2時間以上の待ち時間は当たり前であったようだ。

当時のニュース映像には、トラックに満載されたパンダのぬいぐるみを争って手に入れる風景や、抱きかかえて大喜びする子どもたちの姿、パンやまんじゅう、ケーキなどにもパンダのデザインが施され、パンダの着ぐるみにはしゃぐ人々の様子が映し出されている。パンダ外交の始まりであり、上野動物園におけるパンダフィーバーの始まりでもある。

パンダが公開されると、ぬいぐるみや茶碗、虫かご、タンバリン、下敷きなどにパンダが描かれたグッズが登場した。

気を博し、パンダブームが到来、相棒にパンダが選ばれることが急増した。

コラム

わたしの赤ちゃん！

――百貨店で子ども用品

「かわいいカタツムリのお耳　白いマシュマロのホッペ　わたしの赤ちゃん！　小さな小さなモミジのオテテが何かをつかむ…その日までやさしく守ってあげましょう」と呼びかけるのは、名鉄百貨店の「'63 WINTER 冬のくらしを豊かに楽しく…」のカタログ。

ベビータンス▶1万1000円
ベビーベッド▶1万1500円
ベビーマットレス▶2000円
玩具棚▶5800円
ロッキングチェア▶1400円
木綿わた敷布団▶2000円
テトロンわた掛布団▶3000円
純綿シーツ▶500円
純綿掛布団カバー▶650円
吊メリー▶1300円
純毛ベビー毛糸スーツ▶1600円
純毛ベビー毛糸ソックス▶180円

名鉄百貨店が編集したカタログ。最新のファッションから日用品、ベビー用品や子ども向けの玩具などを掲載している。
(『'63 WINTER 冬のくらしを豊かに楽しく…』名鉄百貨店 1963年［昭和38］)

5 手作りのぬいぐるみ

ぬいぐるみは、玩具店や百貨店などで購入することもあったが、家で作ることも多かった。ミシンの普及率も高かった当時は、洋服だけでなく、ぬいぐるみなどの愛玩品も親の手作りであることが多かった。

ぬいぐるみや、毛糸を使って編みぐるみを作るための特集が洋裁関係の雑誌に掲載され、ぬいぐるみを特集した雑誌や書籍なども発刊されていた。

布は、手ざわりのよいコーデュロイや艶《つや》のある別珍《べっちん》・ビロード風の生地、フェルトなどがよく用いられた。

お気に入りだった手作りの黒い犬のぬいぐるみと一緒。1963年（昭和38）。

手作りのぬいぐるみ。動物園で人気のゾウ、サイ、長い耳のウサギ、犬など、時代を映す独特なフォルムと布使いがかわいらしい。

［右］かわいらしい動物のぬいぐるみの作り方や型紙が掲載されている。（『縫いぐるみのかわいい動物集』1968年［昭和43］雄鶏社）。
［上2点］「森の仲間たち」と題し、熊、リス、子鹿、ウサギ、サルなどのぬいぐるみ。型紙は見開きページに6体分が掲載されている。

ニッパー――相棒としての動物

昭和時代の懐かしいもののなかにも、長きにわたり多くの人々から愛されている犬がいる。「ニッパー」である。日本では、音響機器などのメーカーである日本ビクターを象徴するキャラクターとして親しまれている。

写真のニッパーは陶器製で、ほかにもソフトビニール製のものや店頭を飾った大型のものもある。状差し、灰皿などなど、さまざまな販促品が作られた。

イギリス生まれの白と黒のフォックス・テリアという種類の犬で、脚を噛む（nip）癖があったことから「ニッパー」と呼ばれたようだ。

ニッパーの飼い主が世を去り、ニッパーを引き取った画家である弟が蓄音器で兄の声を聞かせたところ、ニッパーはその前で耳を傾けるかのように、かつての主人の声に聞き入っているようであったという。この様子を描いたのが、蓄音機とそれに耳を傾けるニッパーの有名な絵である。

日本では「忠犬ハチ公」が飼い主との深い絆をもとに長く親しまれ、イギリスではこの「ニッパー」が美談を残している。

❻ もじあそび
──「あいうえお」を絵と組み合わせて

厚さ1センチほどの正方形の板に、五十音がひらがなで記され、反対面にはその文字で始まる絵柄、たとえば「あ」ならアヒル、「う」ならウサギなどが描かれている。広い意味で「積み木」と呼ばれることもあるように、積み上げて立体物を作って遊ぶこともできる。ときには、ドミノ倒しのような遊びもした。

もじあそびは、四角形の木箱のなかに五十音順に整然と収めることができる。遊んだあといつも適当に放り込んでいたが、ときに、「元どおりにしなさい」という親の言葉がその作業のめんどうくささとともに印象に残っている。

木製のもじあそびは丈夫であり、妹や弟、さらにはいとこへと譲り渡されることもあったようだ。

もじあそび。たとえば「きんたろう」を並べてみる。「た」はたこ、「ろ」はろば、「う」はうさぎ。
れんこんは意外だが、時代を問わず登場する。

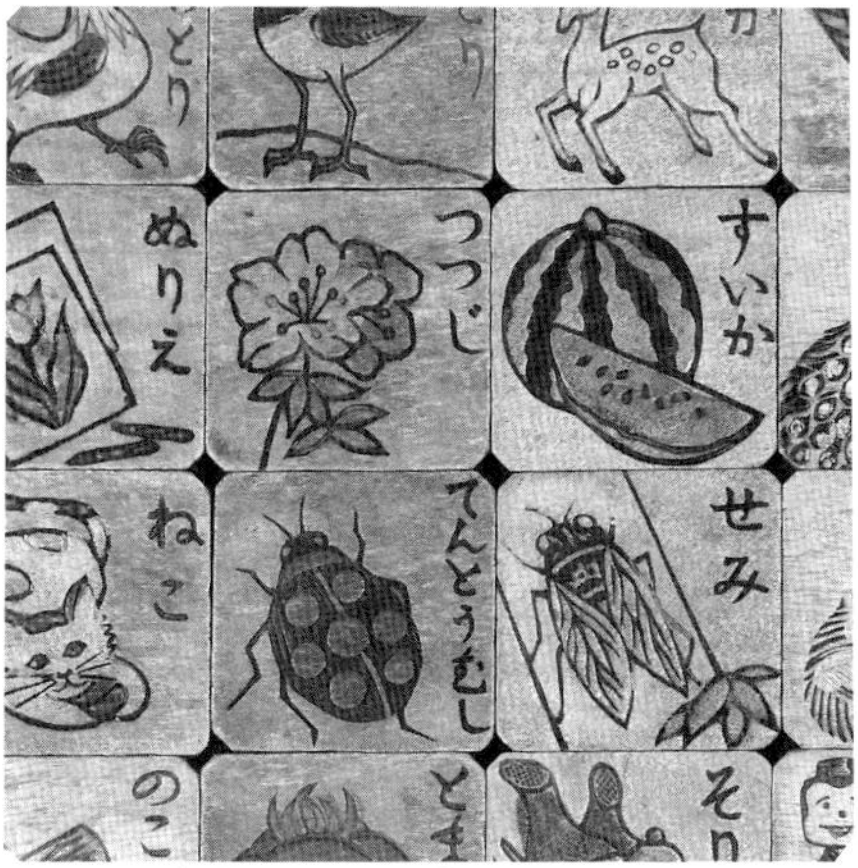

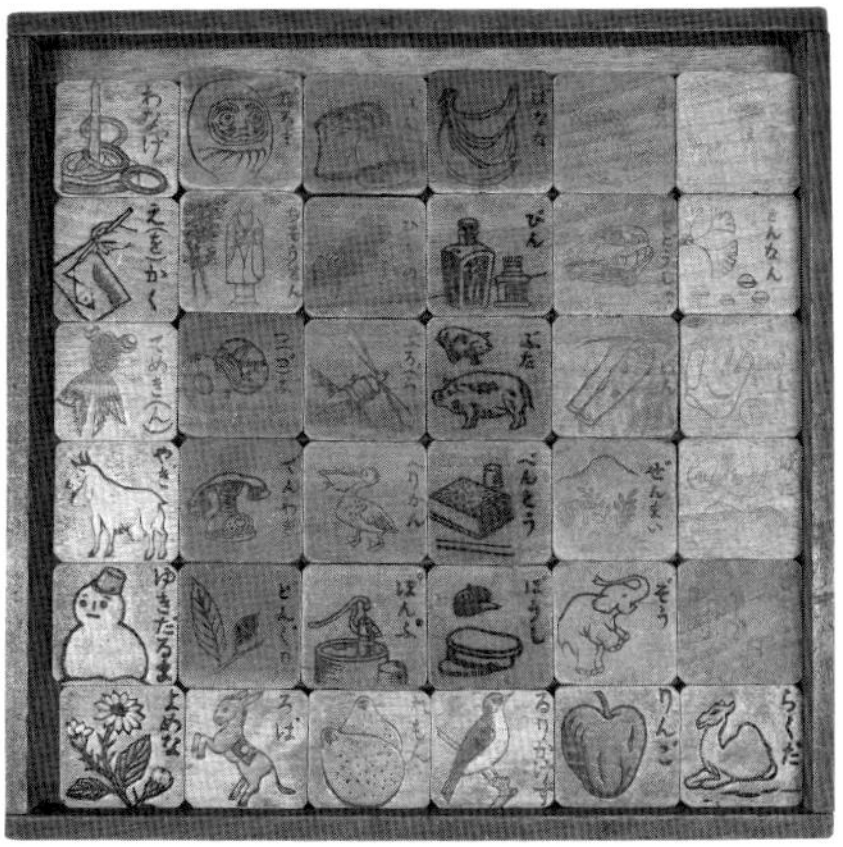

もじあそび。「あ」あひる、「う」うさぎ、「す」すいかは定番。昭和20年代から昭和30年代前半。
［左］一段目、［右］二段目。

もじあそび。基本は五十音であるが、文字だけでなく数字や記号なども盛り込まれて、5個×6個の二段で60個、6個×6個の二段で72個のようなセットになっているものもある。四角形のケースにちょうど収まるように設計されている。

大好きだった絵本

昔も今も変わらず、絵本は子どもたちが自分自身で読んだり眺めたりするほか、親に読んでもらう、読み聞かせをしてもらいながら眠るなど、読む以外にも、コミュニケーションツールとしても大きな役割を果たしている。

小学館の「よいこ絵本」シリーズや「育児絵本」シリーズ、岩波書店の「岩波の子どもの本」のように、各出版社が子ども向けのシリーズ絵本を出版し、講談社の絵本シリーズは、「お子さまの情操教育に役だつ、理想的な絵本です」が売り文句になっていた。

また、当時の絵本には、フレーベル館の『キンダーブック』、ひかりのくにの『ひかりのくに』、静岡福祉事業協会の『あそび』など、定期的に刊行されるスタイルをとっていたものも多い。

今でも、多くの子どもたちに親しまれている『ちいさいおうち』（バージニア・リー・バートン：文・絵 1954年［昭和29］岩波書店）、『きかんしゃやえもん』（阿川弘之：文 岡部冬彦：絵 1959年［昭和34］岩波書店）や、昭和40年代（1965～）には、『ぐりとぐら』（中川李枝子：作 大村百合子：絵 1967年［昭和42］福音館書店）、『だるまちゃんとてんぐちゃん』（加古里子：作・絵 1967年［昭和42］福音館書店）、『ぐるんぱのようちえん』（西内ミナミ：作 堀内誠一：絵 1966年［昭和41］福音館書店）などが出版され、人気を博した。

［左から］『キンダーブック』（1953年［昭和28］）、『ひかりのくに』（1954年［昭和29］）、『あそび』（1957年［昭和32］）

時代の異なるもじあそびから「て」を抜き出してみる。テツカブト、てん、てんとうむし、てんぐ、てれびじょん、てれびと時代を表している。昭和10年代のものに採用されている「テツカブト」は、大日本帝国陸軍のヘルメット（鉄兜）のことで、帽章として星章が正面についている。

「き」は、キカンヂュウ、きじ、きく、きんぎょ、きんたろう、きりん。戦前·戦中のものには、兵器である機関銃が登場する。昭和10年代。

❼ もじあそび
——時代を映す絵柄

もじあそびの積み木で面白いのは、作られた時代によって採用される絵柄が変化することである。たとえば、「て」をどんな絵柄で表現するかを見てみると、戦前・戦中には「テツカブト」、戦後になると「てんぐ」、昭和30年代では「てれび・てれびじょん」とそれぞれの時代を反映している。

もうひとつ「き」は、戦前・戦中には「キカンヂュウ」、戦後には、「きく」、「きじ」、「きんたろう」、「きりん」、「きんぎょ」が採用されている。

昭和30年代のもじあそびには、「てれび」のほかに「せんたくき」、「すきー」、「こだま」などが採用され、時代を象徴している。

自分が使ったもじあそびの「あ」は、何の絵柄だっただろうか？

昭和30年代後半には、もじあそびと積み木を兼ねたプラスチック製の玩具が登場する。

戦前・戦中のもじあそびには、ほかにタンク、ヰド（イド）、へいしなどが登場。昭和10年代。

昭和30年代のもじあそびには、洗濯機、テレビ、こだまが登場。
描かれている洗濯機には、ローラー式のしぼり機とそのハンドルがついている。

木製の積み木。立方体、直方体、三角柱、円柱、アーチ型の積み木を使ってアイデアあふれる立体造形を楽しんだ。車輪のついた木製のケースに収められている。昭和 30 年代。

昭和 30 年代には、愛知県でも膝くらいまで雪が積もることが珍しくなかった。1963 年（昭和 38）には「サンパチ豪雪」と呼ばれる積雪があり、大きな雪だるまを作ることができた。目、鼻、口には炭が使われている。当時、炭は火鉢や七輪で火をおこすために必需品であった。

8 立体を意識しはじめる

もじあそびの積み木のほか、立方体や円柱といった立体を積み上げて形を作るタイプの積み木も想像力を育む教育玩具のひとつである。

木製の積み木、プラスチック製の積み木があり、その後、組み上げること、造形を作ることを主としたプラスチック製のブロックが登場し大流行する。

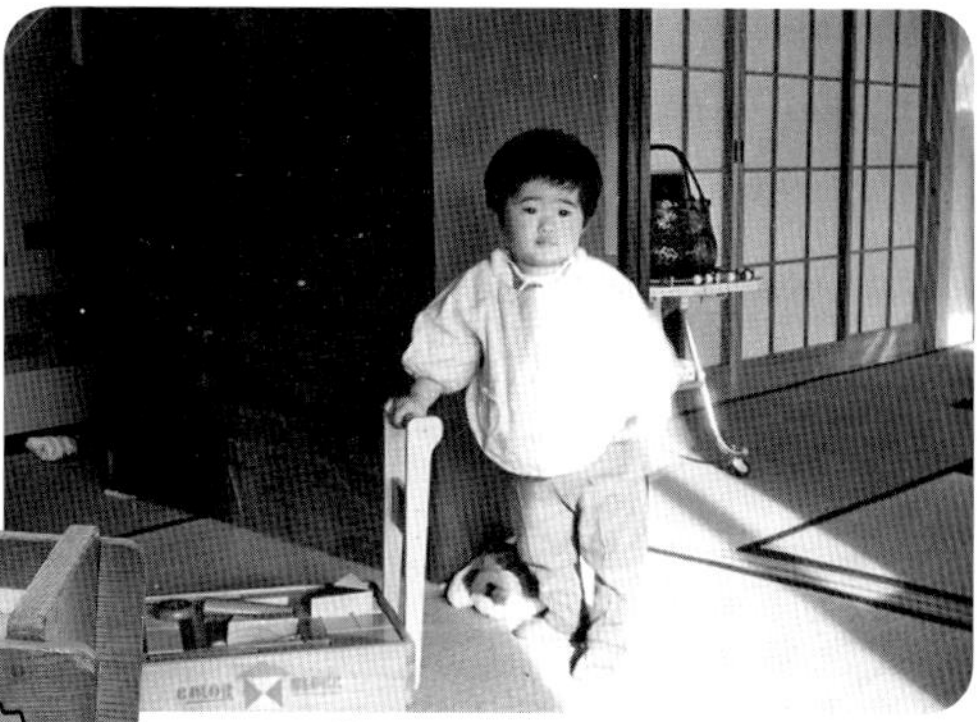

積み木の入った車とともにカメラに向かってポーズをとる。1963年（昭和38）。

よいこのつみき。積み木の木箱は、車輪や取っ手（ハンドル）がつけられ、手押し車にもなっていた。昭和30年代。

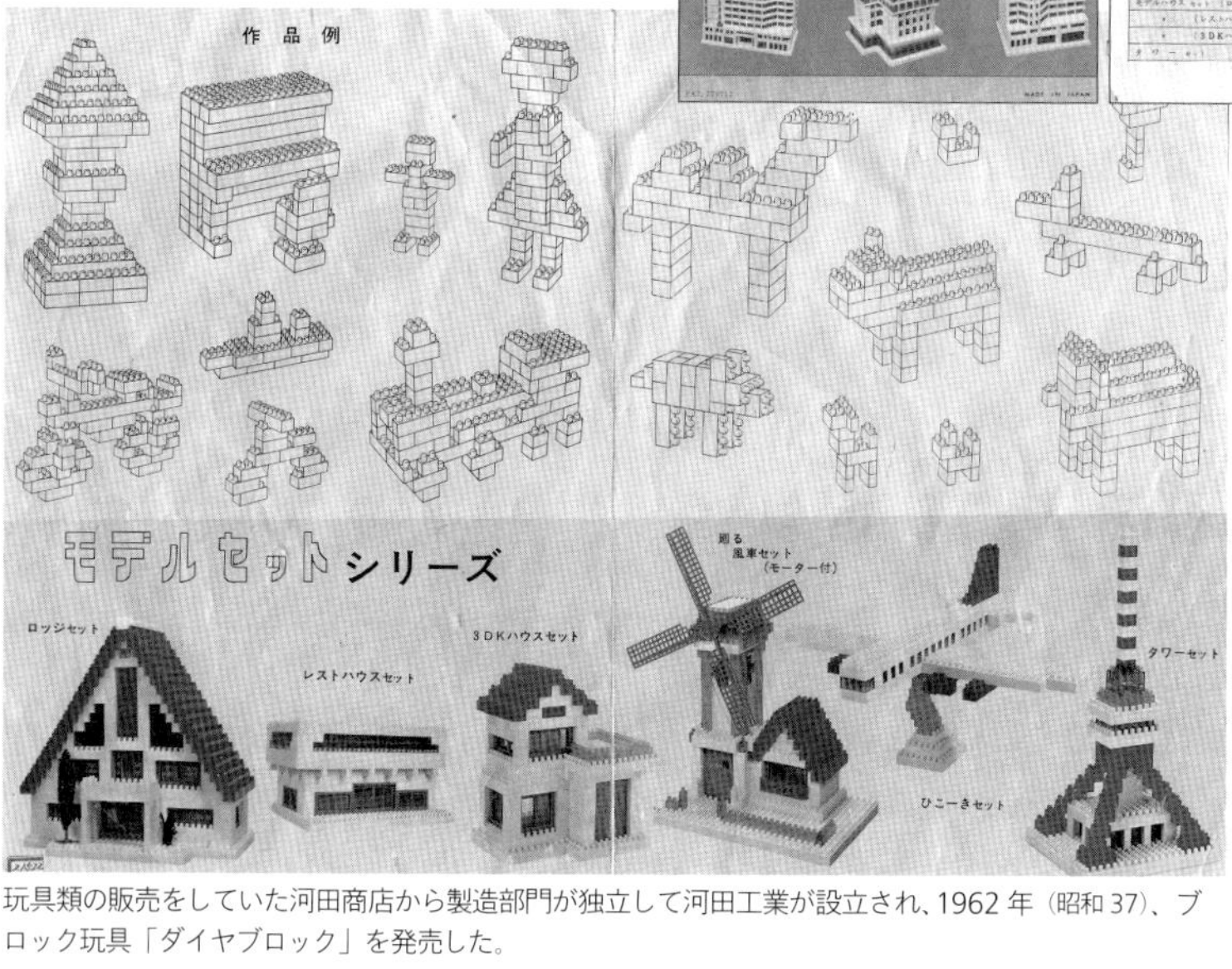

玩具類の販売をしていた河田商店から製造部門が独立して河田工業が設立され、1962年（昭和37）、ブロック玩具「ダイヤブロック」を発売した。

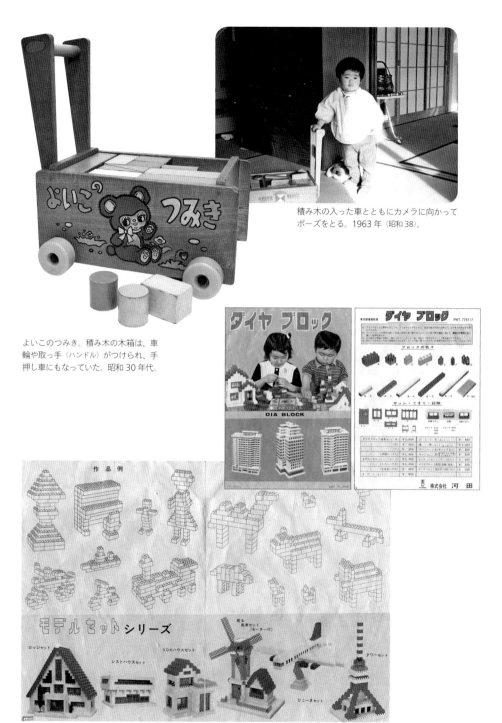

コラム

かわいい夢がいっぱい
――子ども用品

「かわいい夢がいっぱい…　ココは〈ぼくとわたし〉のドリームランドです　大好きな積木でお姫様のお家をつくるのヨ！　かわいいお友だちにかこまれて…ぼくはどうぶつの国の王子様だヨ！　ユービーン！　オトギのくにからですヨーッ！」と呼びかけるのは、名鉄百貨店の「'63 WINTER 冬のくらしを豊かに楽しく…」のカタログ。子ども服売り場、玩具売り場の広告である。

百貨店でなくとも玩具売場は子どもたちにとって夢あふれる場所であった。ドリームランドでお姫さま、王子さまの気分をひととき味わえる場所であった。

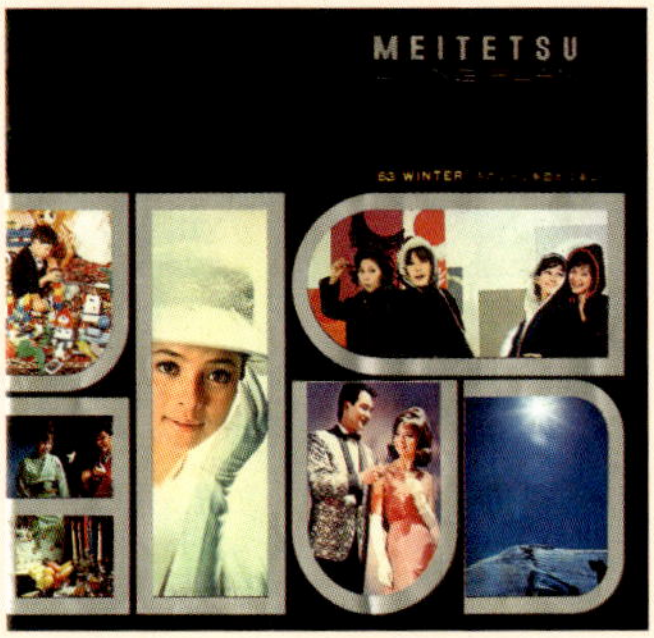

『63 WINTER 冬のくらしを豊かに楽しく…』
（名鉄百貨店 1963年［昭和38］）

当時の家計

1963年（昭和38）頃の家計の消費支出を総務省の家計調査で見てみると、1か月の総支出が4万271円、うち食料費が1万5581円、家具・家事用品が2170円、被服・履物が4335円、教育費が1355円となっている。銀行員の初任給が2万1000円、公務員の初任給が1万7000円ほどだった頃である。

テトロンベルベット女児ワンピース（3・4歳用）▶3200円
純毛ジャージ男児上下服（5・6歳用）▶4700円
純毛女児ツーピース（7・8歳用）▶4700円
国産春秋カーペット（3帖）▶1万2900円
チルドレントラック▶3000円
ボーリング▶690円
プラスチック製電話▶210円
ラブリーオルガン▶4800円
ビニール製バンビ▶350円
パプリカ▶200円
発煙ロボット▶980円
特急コダマ▶850円
積木▶1200円
夢の超特急（レール付セット）▶1050円
動物三輪車（イタリー製）▶9500円
ミッキー▶150円
ブロンド人形▶1500円
歩くカール人形▶3700円
消防自動車▶420円
ジェット機▶710円
ディズニートランプ▶400円・550円

遊びながら数の学習をするための数え玉。魚屋さんなど、なじみのある職業をテーマにすることにより、魚が１匹２匹と、暮らしのなかで数字に親しんでいく。

時計の文字盤と数え玉をあわせた教育玩具。数とともに時計の読み方も学んでいく。

9 指を折って数える

文字に加えて数を数えられるようになることも、子どもが習得しなければならない事柄のひとつである。指を折って数える、指で数を表現するということは今も昔も変わらない。

こうした数えることを楽しく学ぶ玩具として、数え玉がある。かわいらしい動物や人形に針金が弧状につけられ、その針金に数を数えるための玉がはめられており、これを移動させて数を数える教育玩具である。

数え玉は、専用の玩具だけでなく、歩行器やサークルベッドなどさまざまなものに取りつけられ、数を覚えるとともにデザインとしても用いられていた。

小学校に上がると、ソロバンを使って、より高度な計算を自らの

かるたとりで数の勉強をする。「むしのがくたい 3 じゅうそう」の読み札で「3」をとる。
(『かずのかるた』昭和 30 年代)

自動車が「3」台、くまのぬいぐるみが「4」体と数の学習をする。
(『かずのえほん』昭和 30 年代)

手できるようになる。昭和30年代、40年代は、学習塾に通うよりソロバン塾に通う友だちが多かった。

習いごと

小学生の頃、何を習っていたかのアンケート調査がある。これによると、昭和 30 年代から 40 年代にかけ、第 1 位がやはりソロバン塾であり、40% ほどを占めている。

次は、習字である。ソロバン塾と書道教室をあわせて経営する塾もあり、計算に強くなること、字がうまくなることが大切だと考えられていたことがうかがえる。次点には、学習塾やピアノ・オルガンといった音楽関係の習いごとが続いている。

現在のように大手が経営する塾よりも、近所にある個人経営の塾に通うことがもっぱらであった。

幼稚園や保育園に入る子どもたちへの入園お祝い号（『幼稚園』4月号 1955年［昭和30］小学館）

お姉ちゃんの入園式の写真。通園バッグを借りて一緒に写真に収まる弟。1960年（昭和35）。

今度は自分の番。1963年（昭和38）4月。

10 初めての通園

限られた時間ではあるが、初めて、家や親から離れた時間をすごすことになる場所が、幼稚園や保育園である。

　通園バッグやスモック、シューズ入れなど真新しい道具がそろえられ、通園は、距離にもよるが、徒歩や、母親に自転車に乗せてもらうことが多かった。幼稚園では、幼稚園バスなどによる送迎によって通園する場合もあった。

　入園すると、初めて出会う同じ年齢の子どもたちと、遊ぶにも、学ぶにも、昼寝をするにも一緒であり、それまでとは異なる人間関係が生まれることとなる。楽しく遊び、学び、運動する以外に、口《くち》喧嘩《げんか》や取っ組み合いもよく見られた。

［右］通園バッグは、幼稚園や保育園で指定されていることが多かったが、アニメキャラクターがついた商品も販売されていた。出席簿である「園のたより」やハンカチ、チリ紙などを入れていた。

［下］保育園で使われたスモック。師勝村（現・北名古屋市）立保育園のマークがつけられている。昭和30年代。

幼稚園バスのブリキのおもちゃ。昭和30年代。

「園のたより」。出席するとスタンプを押してもらえる。入園したての4月は桜のスタンプ。5月は兜のスタンプで埋め尽くされている。1960年（昭和35）。

幼稚園や保育園で使われた図画工作用のノート。お絵描き、折り紙などの作品は、こうした「じゆうがちょう」に描いたり、「おさいく帖」に貼り込んだりした。昭和30年代。

コラム　幼い頃のお出かけ

昭和30年代に入ると、自家用車が少しずつではあるが普及していく。したがって、車で出かけるということもあったが、公共交通機関を使ってのお出かけがもっぱらであった。

名古屋周辺では、赤いボディの名鉄《めいてつ》電車（名古屋鉄道）が軸となる移動手段で、名古屋市内での移動は、路面《ろめん》電車、名古屋市電が最も有効的な手段だった。名古屋のランドマークといえば「テレビ塔」であるが、1953年（昭和28）に完成した当時の写真をみると、周辺に大きなビルはなく、平面的な景観のなかにテレビ塔がそびえ立ち、周辺を市電が走っている。

名古屋市電の歴史は古く、日本で2番目の電気鉄道として名古屋電気鉄道により1898年（明治31）に開業した。1922年（大正11）に名古屋市が買収し、名古屋市電が誕生した。最盛期は27系統が名古屋市内を走っていたが、自動車の普及、モータリゼーションの進展を受け、1963年（昭

絵はがき袋「観光 大名古屋」。地下鉄の入り口が表紙になっている。昭和30年代。

絵はがき「電鉄市営記念絵葉書」
名古屋市発行。1922年（大正11）。

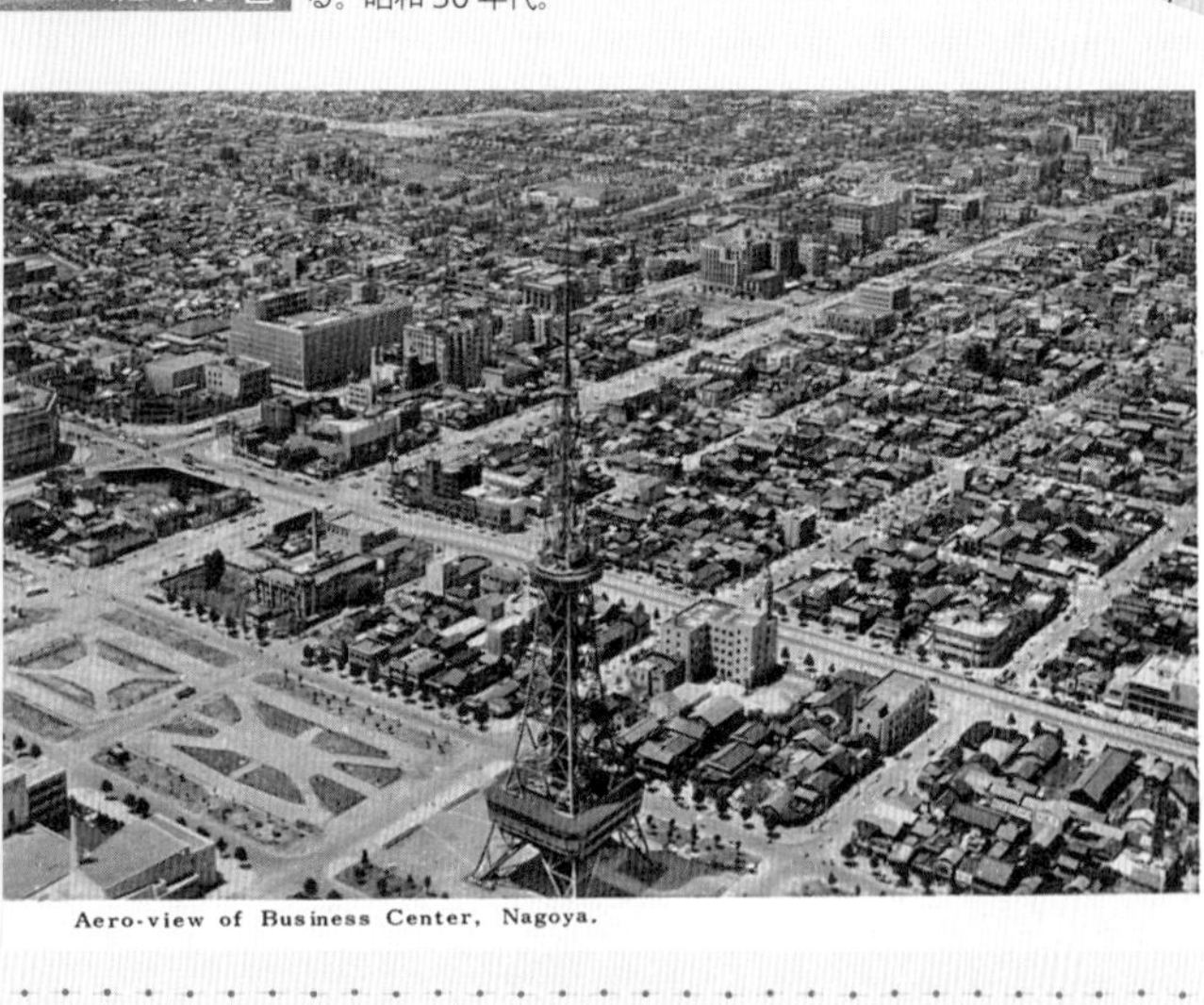

絵はがき
「上空より見たる中心街」
昭和30年代。

和38）から徐々に廃止が始まり、1974年（昭和49）3月31日をもって長い歴史に幕を閉じた。

市電は、日々の暮らしの足であったが、10月の名古屋まつりの際には、市電の車両全体を花で飾りつけた「花電《はなでん》車《しゃ》」が運行され、人々の記憶に深く刻まれている。

名古屋市では、1957年（昭和32）に地下鉄の1号線（現在の東山線）が名古屋～栄町《さかえまち》間で開業、路線を延ばしていった。

あなたが育った街の光景を覚えているだろうか？

絵はがき「名古屋駅」昭和30年代。

［上］名古屋市電（堀田付近）1974年（昭和49）。
［下］名古屋市電（稲葉地付近）1974年（昭和49）。

11 初めて自転車に乗れた！

たとえば「初めて自転車に乗れた」ことが思い浮かんでくる。

　自らの体を動力とした乗り物といえば、まず三輪車《さんりんしゃ》があげられる。三輪車を卒業すると自転車に乗ることになるが、最初のうちは、後輪の左右に補助輪《ほじょりん》を取りつけて練習した。両親に自転車の後ろを支えてもらい何度も転んでけがをしながら練習を繰り返した記憶。

　子ども用の自転車が普及するのは昭和30年代後半くらいからである。子どもたちは、自分の体格には合わない大人用の自転車を使っていたが、どうやって大きな自転車をこいだのか。答えは、写真手前の自転車のフレームの三角部分に足を入れてペダルを回す「三角《さんかく》乗《の》り」である。アクロバットな乗り方を競った少年たちも多かったようだ。

　ほかにも、玩具としてのスケー

三輪車をこぐ少年。自分でこげるようになるまでは、補助でつけられた手押しハンドルを押してもらっていた。1959年（昭和34）。

大人用の自転車。フレームの三角形になった部分に足を入れ、ペダルをこぐ三角乗りに興じた。

サドルと背もたれに花柄があしらわれた三輪車。昭和 40 年代。

三輪車に乗る。1958 年（昭和 33）。

［左］初めて買ってもらった子ども用自転車。最初はもちろん補助輪つきだった。1962 年（昭和 37）。
［右］初めて買ってもらった自転車と記念写真。昭和 30 年代前半。

ターや、１９７４年（昭和49）に発売された乗用玩具である「ローラースルーＧＯＧＯ」などがあげられる。「ローラースルーＧＯＧＯ」は自動車メーカーである本田技研工業が発売したもので、ローラースルーは「通り抜ける」の意味を込めた造語であり、ＧＯＧＯは軽快な乗り心地、当時流行していたゴーゴーダンスを表しているという。

自転車にまつわる思い出

「自転車にナンバープレート？」と小学生の声が聞こえた。資料館で鑑札《かんさつ》つきの自転車を展示していたときのことだ。この小学生に聞いてみると、ナンバープレートは、自動車やオートバイなど高価な乗り物についているという印象を持っていたそうだ。

その印象は、ある意味では正しい。自転車もかつてはとても高額で、大切に扱われたからだ。初任給が１万円前後だった1955年（昭和30）頃、自転車は１万5000円ほどもした。磨いたり、修理したりと自動車なみの念入りな手入れをしていた。

そして、自転車を買って使用するには、税金を支払って自転車鑑札を入手し、自転車に取りつけなければならなかった。

鑑札には、ナンバーの部分がスライド式になっていて、持ち主が自転車から離れる場合、抜き取っておくことができるものもあった。盗難防止の役割を果たしている。

紙芝居、アイスキャンデーの引き売りや三角乗りのほか、鑑札も、子どもの頃の自転車の思い出としてあげる方は多い。

自転車の鑑札。師勝村（現・北名古屋市）で使用されていたもの。

片足をスケーターに乗せ、もう一方の足で地面を蹴りながら進むスケーター（左）。昭和30年代。
ペダルを踏んで走行するローラースルーGOGO（右）。1974年（昭和49）に発売され大流行した。

⑫ 遊園地・百貨店屋上の乗り物

東山動植物園のこだま号の遊具前で記念写真。1961 年（昭和 36）。

［上］10 円を入れると上下に動く遊具にまたがって上機嫌。1960 年（昭和 35）。
［右］自動車の遊具。懐かしさを感じる車のデザイン。スピートはさほどでないが大人の気分。1963 年（昭和 38）。

子どもにとって遊園地は、その名のとおり遊びの要素が凝縮《ぎょうしゅく》した場所である。それは今も昔も変わっていない。

幼い子が遊園地で楽しむ初歩的な乗り物として、メリーゴーラウンドがあげられる。遊園地のシンボルであり中心的な存在であった印象が深い。メリーゴーラウンドに乗るのももちろん楽しいことであったが、馬が上下しながら回転するさまを外から眺めているのも楽しかった。

メリーゴーラウンドとともに、昔から遊園地の乗り物の定番であるのがコーヒーカップである。乗り物に酔いやすいことを忘れてカップを勢いよく回してしまい、降りてから酔いがきて、楽しいはずの遊園地の1日をだいなしにしてしまったことが何度もあった。

コラム

遊園地

遊園地として愛知県で人気を博していたのが、犬山《いぬやま》市にあったラインパーク（現・日本モンキーパーク）や名古屋市にある東山《ひがしやま》動植物園内の遊園コーナーであった。ラインパークは日本モンキーセンターに隣接していて、遊園地で遊ぶだけでなく世界の霊長類《れいちょうるい》も見学できることから、子どもたちにとって1日を満足にすごせる場所だった。東山動植物園も遊園地を併設しており、こちらも広大な敷地内で1日じゅう楽しむことができた。どちらも、遠足や家族でのお出かけ先の定番《ていばん》であった。

また、街なかでは、デパート屋上のミニ遊園地も人気を博した。買い物をしたあと、レストランでお子様ランチやクリームソーダなどを楽しみ、さらに、屋上の遊園地では、観覧車、自動車の乗り物、10円玉を入れると動き出す乗り物で遊ぶ。なかでも観覧車は、小さいながら屋上という立地から迫力があった。

東山動植物園で大人気のスロープシューター。頂上に近づき顔がこわばる。1960年（昭和35）。

［上］日本モンキーセンター入苑券。
［右］猿をバックに。1966年（昭和41）。

コラム

百貨店に出かけた幼い日——名古屋駅と百貨店の包装紙

ふだん歩いている道、車で通りすぎる街並み。そうした慣れ親しんだ風景でありながら、ある日、その街並みからひとつの建物が取り壊され、消えてしまったとき、意外にもそこに何が存在していたか、すぐには思い出せないことがある。

名古屋のシンボルともいえる名古屋駅の周辺も年を経るごとに変化してきた。最近ではタワービルが次々に完成し、そして、それが目になじむ頃には、以前そこにあった建物が思い出せなくなっている。

写真は、1954年（昭和29）12月1日の名古屋鉄道・新名古屋駅の完成と名鉄《めいてつ》百貨店の一部開業を記念して発行された絵はがきである。絵はがきは3枚セットになっており、そのうちの1枚が右の「全館完成後の威容《いよう》」という完成予定のスケッチである。

名鉄百貨店は1954年（昭和29）、4階建てで営業を始めた。その後、増築を重ね、1957年（昭和32）には地上10階建てのビルとなった。

百貨店などの包装紙は、単に物を包み保護するだけでなく、広告としての重要な役割を担っている。買い物をすませて電車などに乗り込み家路につく、その道のりで消費者が広告を持ち歩いていることになるからだ。

帰り道、百貨店の包装紙でくるまれた大きな箱には紐がかけられ、木製のつり手がつけられていた。家に帰って来ると、祖母が包装紙を大切そうにはずし、きれいに折り畳んでしまっていたのをよく覚えている。

絵はがき「全館完成後の威容」（部分）
（名鉄百貨店 1954年［昭和29］）

名鉄百貨店、松坂屋など百貨店の包装紙。昭和30〜40年代。

［上］絵はがき袋「新名古屋駅竣工並に名鉄百貨店一部開業記念」（名鉄百貨店 1954年［昭和29］）
［右］絵はがき「名鉄百貨店一階売場」（名鉄百貨店 1954年［昭和29］）

⑬ 雑誌も入学準備号・お祝い号

幼稚園や保育園の子どもたち向けの雑誌が3月号になると、卒園や小学校への入学準備を紹介する紙面が特集される。

『小学一年生』や『たのしい一年生』などの学習雑誌も、この季節になると、入学の手引き、入学準備号や『もうすぐ一年生』といった準備号が臨時増刊されている。表紙には、学生服を着て帽子をかぶって満面の笑みを浮かべる少年少女が描かれている。

『たのしい一年生』表紙
（4月号 1957年［昭和32］大日本雄弁会講談社）

『一年の学習臨時増刊もうすぐ一年生』
（1958年［昭和33］学習研究社）

入学式の教室。母親たちはみんな着物姿。1964 年（昭和 39）。

⑭ 入学式を迎える準備

小学校の入学式などは、トキメキよりもハラハラ・ドキドキの体験ともいえる。

人生のなかでは新しい生活のスタートをいくつも経験するが、なかでも小学校への入学は子ども時代の一大イベントで、忘れられない思い出となっている。ピカピカのランドセルを背負って、校門を初めてくぐったとき、新しい生活への期待と不安で誰しもがドキドキ・ワクワクしたことだろう。

入学準備として小学校指定の帽子や運動服をそろえ、靴や靴下、上履《うわば》きなども新品でそろえてもらった。ランドセルや学習机は親の実家が購入してくれた。ほかにも文房具は必需品であったし、細かなものとしては、安全ピン、ハンカチ、チリ紙なども購入した。

小学校へ持っていくものには、帽子や靴、ランドセルといった大きなものから、鉛筆、消しゴム、ハサミといった小物まで、名前を筆や油性ペンで書いてもらった。

入学式の教室。初めて手にする教科書にみんな笑顔。1964 年（昭和 39）。

ランドセル、セルロイド製の筆箱や下敷き、ノートなど、昭和 30 年代から 40 年代の文房具。

野球少年、こけしが描かれたランドセル。
昭和 20 年代～ 30 年代前半。

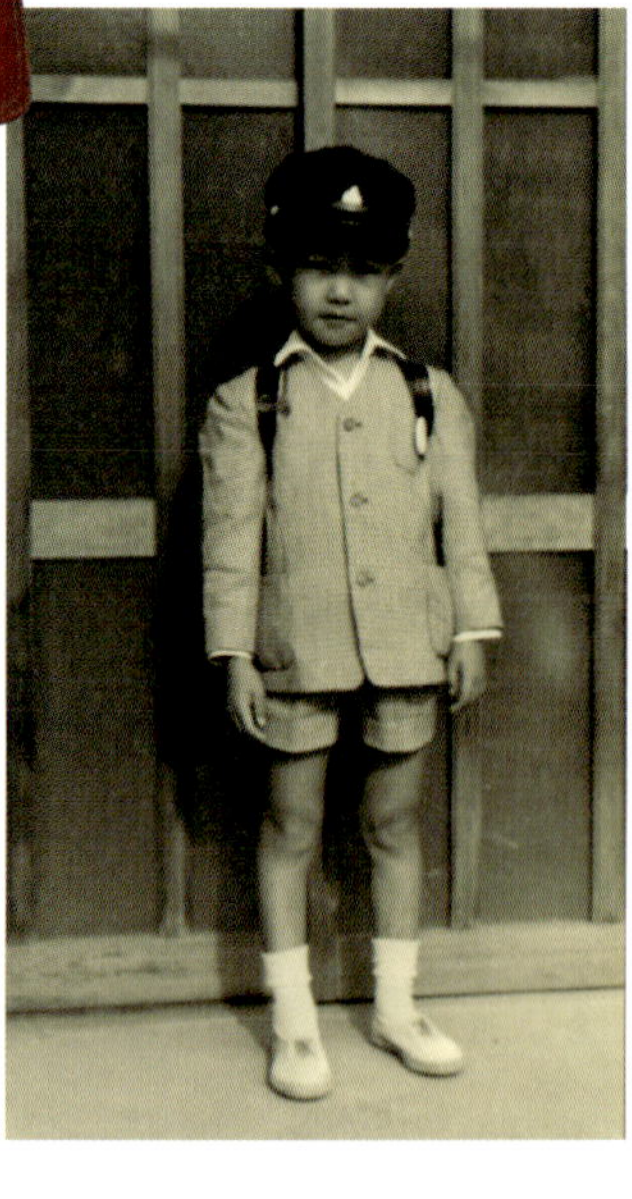

［右］ランドセルを背負って記念写真 1964 年（昭和 39）。
［左］雨合羽（あまがっぱ）と長靴を身につけ、ランドセルを背負って雨仕様で記念写真。1962 年（昭和 37）。

入学式の日の教室。黒板にはチョークで歓迎の絵が描かれ、周囲には飾りつけがされている。その前で先生がアコーディオンを弾く。1960年（昭和35）頃。

入学式の会場へ着物姿の母親と一緒に向かう。
1967年（昭和42）。

国語のノートの裏表紙に書いた時間割。昭和30年代。

学用品しらべ

ぼうし（男子）▶250円より
ぼうし（女子）ベレーボー▶250円より
くつ（男子）▶650円より
くつ（女子）▶400円より
通学服KO型▶2300円より
通学服セーラー型▶2000円より
くつ下（ナイロン）▶120円より
運動服▶200円より
上ぐつ▶130円より
筆入れ（セルロイド）▶100円より
鉛筆（1ダース）▶60円より
鉛筆けずり▶20円より
クレヨン（12色）▶35円より
消ゴム▶5円より　など

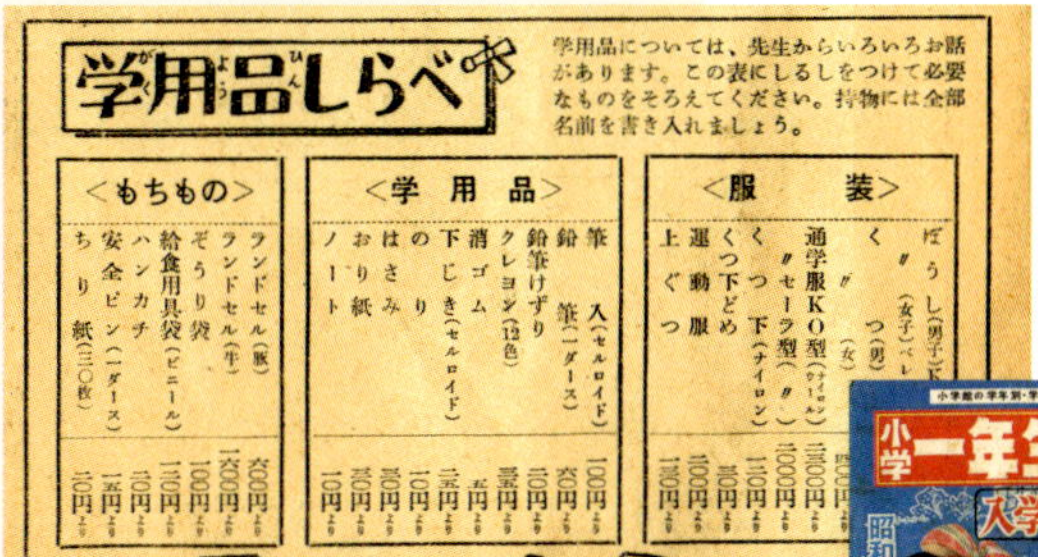

学《がく》用《よう》品《ひん》しらべ

学用品については、先生からいろいろお話があります。この表にしるしをつけて必要なものをそろえてください。持物には全部名前を書き入れましょう。

＜もちもの＞
ランドセル（豚）　六〇〇円より
ランドセル（牛）　一六〇〇円より
ぞうり袋　一〇〇円より
給食用具袋（ビニール）　一二〇円より
ハンカチ　二〇円より
安全ピン（一ダース）　一五円より
ちり紙（三〇枚）　二〇円より

＜学　用　品＞
筆入（セルロイド）　一〇〇円より
鉛筆（一ダース）　六〇円より
鉛筆けずり　二〇円より
クレヨン（12色）　三五円より
消ゴム　五円より
下じき（セルロイド）　二五円より
のり　一〇円より
はさみ　三〇円より
おり紙　三〇円より
ノート　一〇円より

＜服　　装＞
ぼうし（男子）
〃（女子）ベレ
くつ（男）
〃（女）
通学服KO型（ウーール）　二三〇〇円より
〃セーラ型（〃）　二〇〇〇円より
くつ下（ナイロン）　一二〇円より
くつ下どめ　三〇円より
運動服　二〇〇円より
上ぐつ　一三〇円より

「学用品しらべ」（『小学一年生 臨時増刊 入学の手引』1956年［昭和31］小学館）

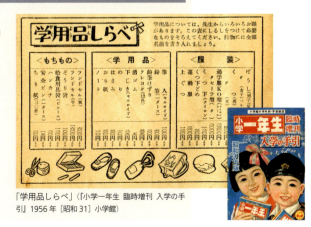

コラム

弁当箱

——アルミ製にマンガやアニメキャラクター

年度替わりを迎える時期に百貨店や大型スーパーに出かけると、入園や入学準備のコーナーが目に飛び込んでくる。人気のキャラクターがついた文房具や学習机などもあり、何をそろえていくか、親子で考えるのも楽しそうだ。

弁当箱もそのひとつ。売り場では、やはりテレビアニメの人気キャラクターが並んでいる。入園、入学準備の目を引く看板と、色とりどりの商品を見ていて、ふと昔はどうだったのだろうか、という興味を覚えた。

資料館を訪れる年配の方々に聞いてみると、まず当然ながらランドセルが筆頭にあがったが、弁当箱も多くの方が口にされた。そのほとんどが、アルミまたはアルマイト製。昭和20年代頃までは無地が中心で、昭和30年代に入って、花柄や野球少年の絵などをプリントした商品が増えてきた。マンガやアニメのキャラクターは、昭和30年代後半からさかんに取り入れられはじめたようだ。

アニメキャラクターが登場する前の弁当箱。アルマイトの無地のものやかわいらしい花柄が描かれている。昭和 20 年代～30 年代。

アルミ製の弁当箱。ヒーローや少女マンガの主人公が弁当箱の蓋を飾る。昭和 40 年代～ 50 年代。

遠足でお弁当を楽しむ小学生たち。1960 年（昭和 35）。

コラム

栄養不足を補う給食

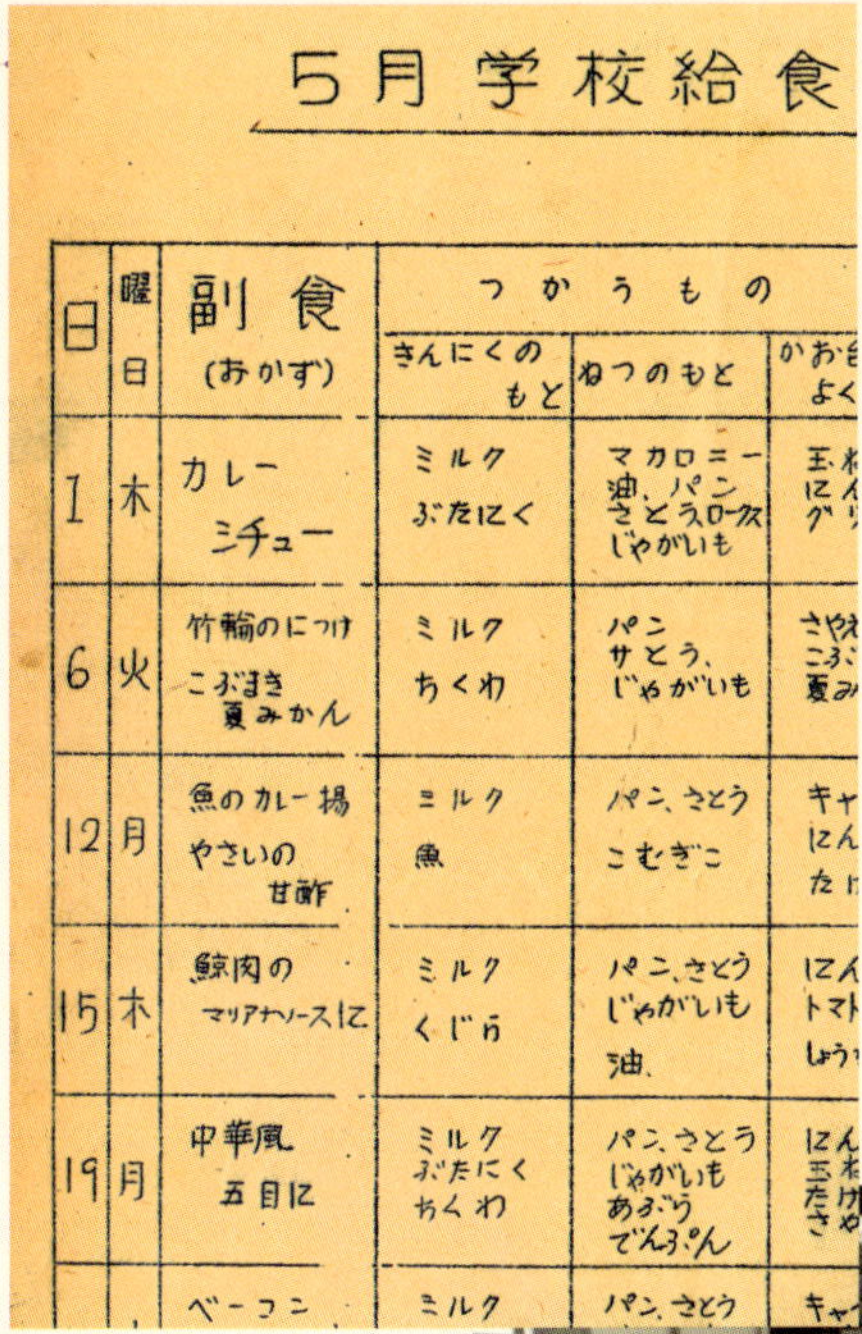

5月学校給食

日	曜日	副食（おかず）	つかうもの きんにくのもと	ねつのもと	かお…よく…
1	木	カレーシチュー	ミルク ぶたにく	マカロニー 油、パン さとうスローグス じゃがいも	玉ね にん グ
6	火	竹輪のにつけ こぶまき 夏みかん	ミルク ちくわ	パン サとう、じゃがいも	さや こぶ 夏み
12	月	魚のカレー揚 やさいの甘酢	ミルク 魚	パン、さとう こむぎこ	キャ にん た
15	木	鯨肉のマリアナソースに	ミルク くじら	パン、さとう じゃがいも 油、	にん トマト しょう
19	月	中華風 五目に	ミルク ぶたにく ちくわ	パン、さとう じゃがいも あぶら でんぷん	にん 玉ね たけ さや
		ベーコン	ミルク	パン、さとう	キャ

5月学校給食予定表。給食と弁当を併用していた小学校の献立表。主食はパンで、おかずは和洋中とバラエティにとんでいる。昭和30年代の定番のおかずであるクジラをトマトケチャップで煮たマリアナソース煮も登場している。

給食の配膳風景。三角巾とエプロンを身につけて配膳する生徒たち。1960年（昭和35）。

給食風景。アルマイト製の食器で主食はパンだった。この写真には、食パンが3枚ずつ配膳されている。1960年（昭和35）。

国民の栄養状態を記録したデータがある。それによると昭和30年代（1955〜）の特徴として、炭水化物は十分に摂取《せっしゅ》されているが脂肪またビタミンAなどについては現代人に比べてずいぶんと不足していることがわかる。

昭和40年代（1965〜）になるとビタミン摂取はやや回復し、昭和50年代（1975〜）から平成（1989〜）になってくるとビタミン類の摂取は豊富になり、炭水化物に比べて脂肪分が増えてくる。

これは昭和30年代の食の改善に関する報告書にも記載されており、昭和30年代は炭水化物主体で米、小麦、芋類などの摂取量が非常に多かったことがうかがえる。これに対し肉類については、鶏肉の消費量は多かったが、牛肉などについては比較的少ない。また非常に安価であったクジラ肉など、脂肪分の少ない肉類が中心となっていたようだ。

ビタミン不足を補うために、サメなどの肝臓から抽出したビタミンA、ビタミンDを肝油《かんゆ》ドロップとして摂取することも多かった。

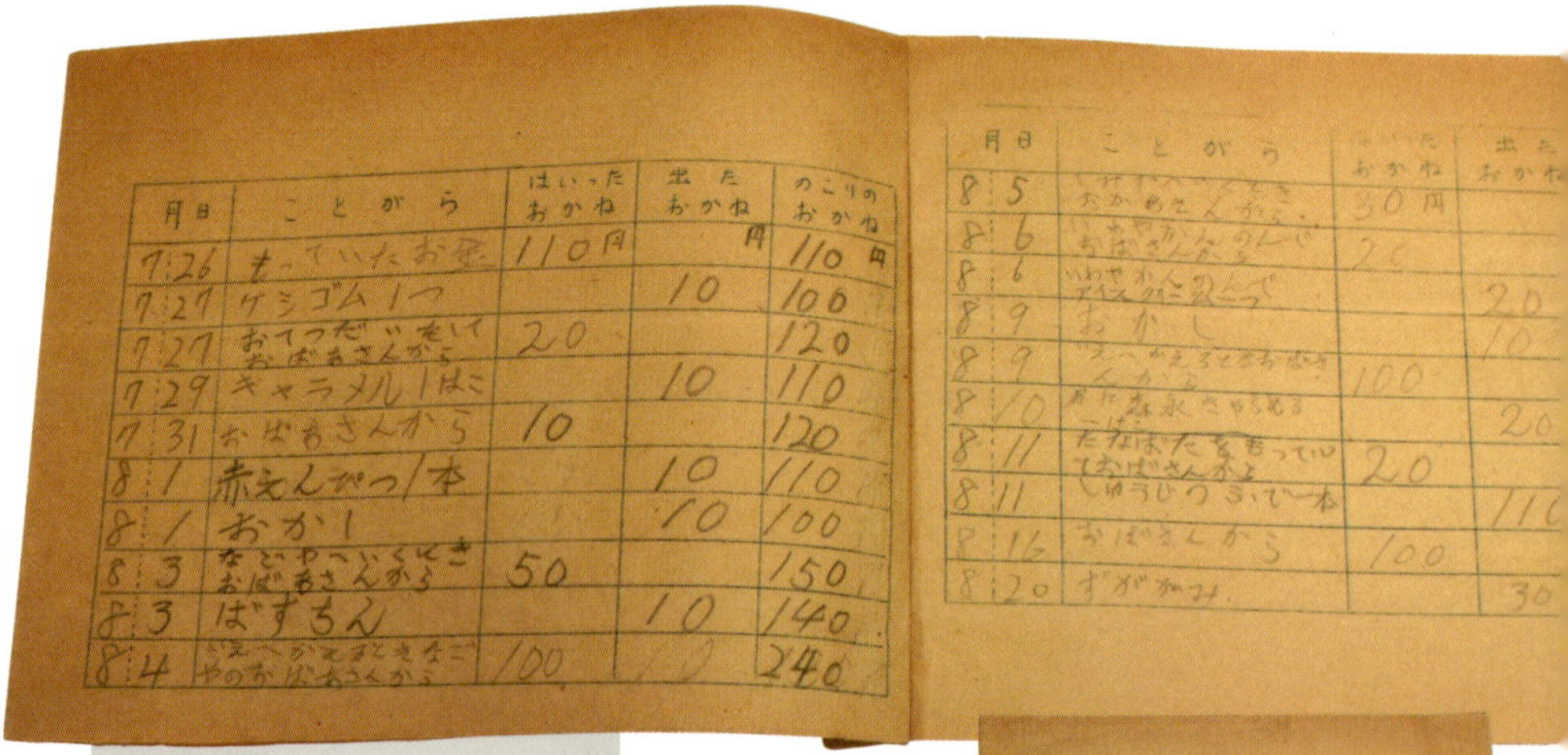

月日	ことがら	はいったおかね	出たおかね	のこりのおかね
7:26	もっていたお金	110円	円	110円
7:27	ケシゴム1つ		10	100
7:27	おてつだいをしておばあさんから	20		120
7:29	キャラメル1はこ		10	110
7:31	おばあさんから	10		120
8:1	赤えんぴつ1本		10	110
8:1	おかし		10	100
8:3	[illegible]おばあさんから	50		150
8:3	ばすちん		10	140
8:4	[illegible]おばあさんから	100		240

月日	ことがら	はいったおかね	出たおかね
8:5	[illegible]おかあさんから	30円	
8:6	[illegible]おばあさんから	20	
8:6	[illegible]アイス[illegible]		20
8:9	おかし		10
8:9	[illegible]	100	
8:10	[illegible]		20
8:11	[illegible]おばあさんから	20	
8:11	[illegible]		110
8:16	おばあさんから	100	
8:20	ずがかみ		30

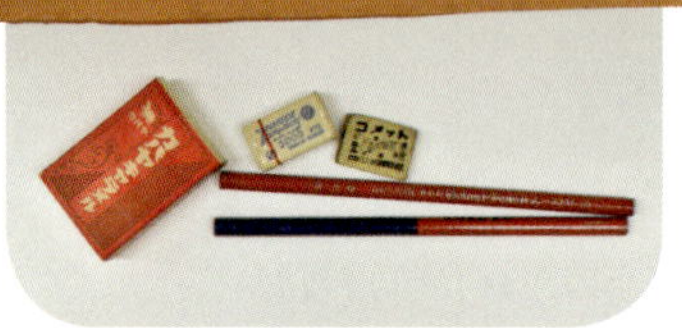

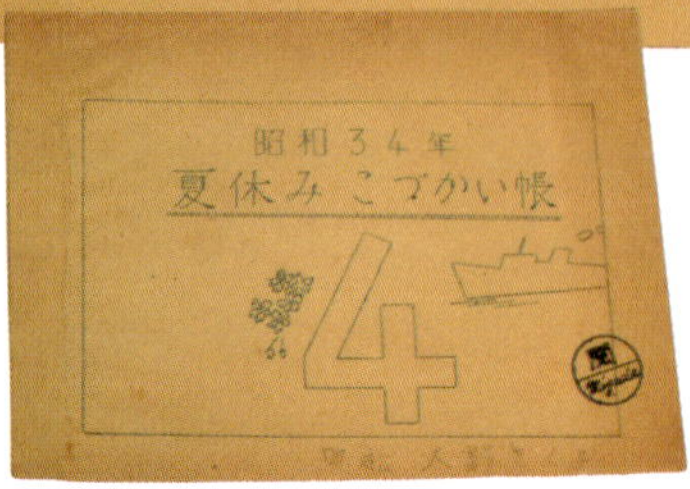

小学４年生のこづかい帳。
わら半紙にガリ版（謄写版）で印刷されたもの。1959年（昭和34）。

15 夏休みのこづかい帳

今、子どもたちはいくらくらいのこづかいをもらっているのだろうか。

昭和30年代の夏休み、それほどこづかいがもらえたわけではなかったが、宿題というか、課題のひとつとして「こづかい帳」をつけなければならなかった。

毎月決まった額をもらうという形ではなく、親戚のおばさんからもらうお駄賃《だちん》や、お手伝いのご褒《ほう》美《び》として、アイスキャンデーを買えるくらいの10円、20円をたまに与えられるのがこづかいであったという方も多い。もちろん個人差は大きかったように覚えている。

ここに、1957年（昭和32）と1959年（昭和34）のこづかい帳がある。「入ったお金、出たお金、残りのお金」という表に「ことがら」として誰からもらったか、何に使ったかが細かく記されている。

1957年のものを見ていくと、「クリーム10円、氷15円、ラムネ10円、ガム10円、あめ玉10円、ドロップ20円、さいころ10円、消しゴム10円、親類へ行くバス賃20円」といったことがらで、360円を夏休み中に使っている。

1959年のこづかい帳には、「キャラメル10円、赤鉛筆10円、バス賃10円」などが読み取れる。当時、子どもにとっては10円玉が基本だった。1枚もしくは数枚の10円玉を握りしめ、夏休みに何を買っていたのだろうか。思い出してみよう。

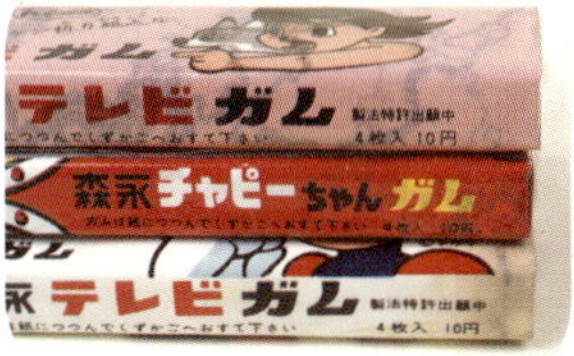

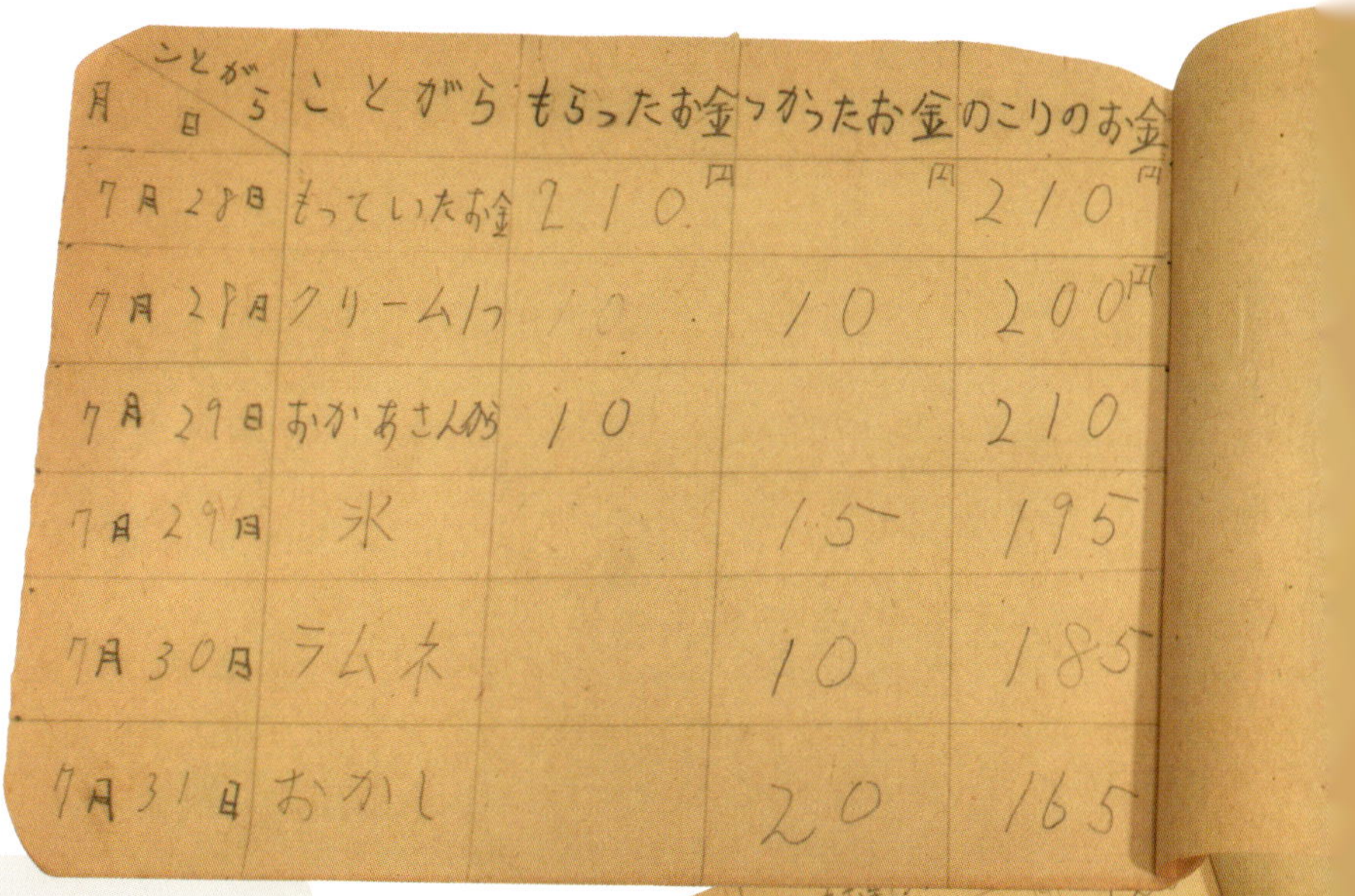

月日／ことがら	ことがら	もらったお金	つかったお金	のこりのお金
7月28日	もっていたお金	210円	円	210円
7月28日	クリーム1つ		10	200円
7月29日	おかあさんから	10		210
7月29日	氷		15	195
7月30日	ラムネ		10	185
7月31日	おかし		20	165

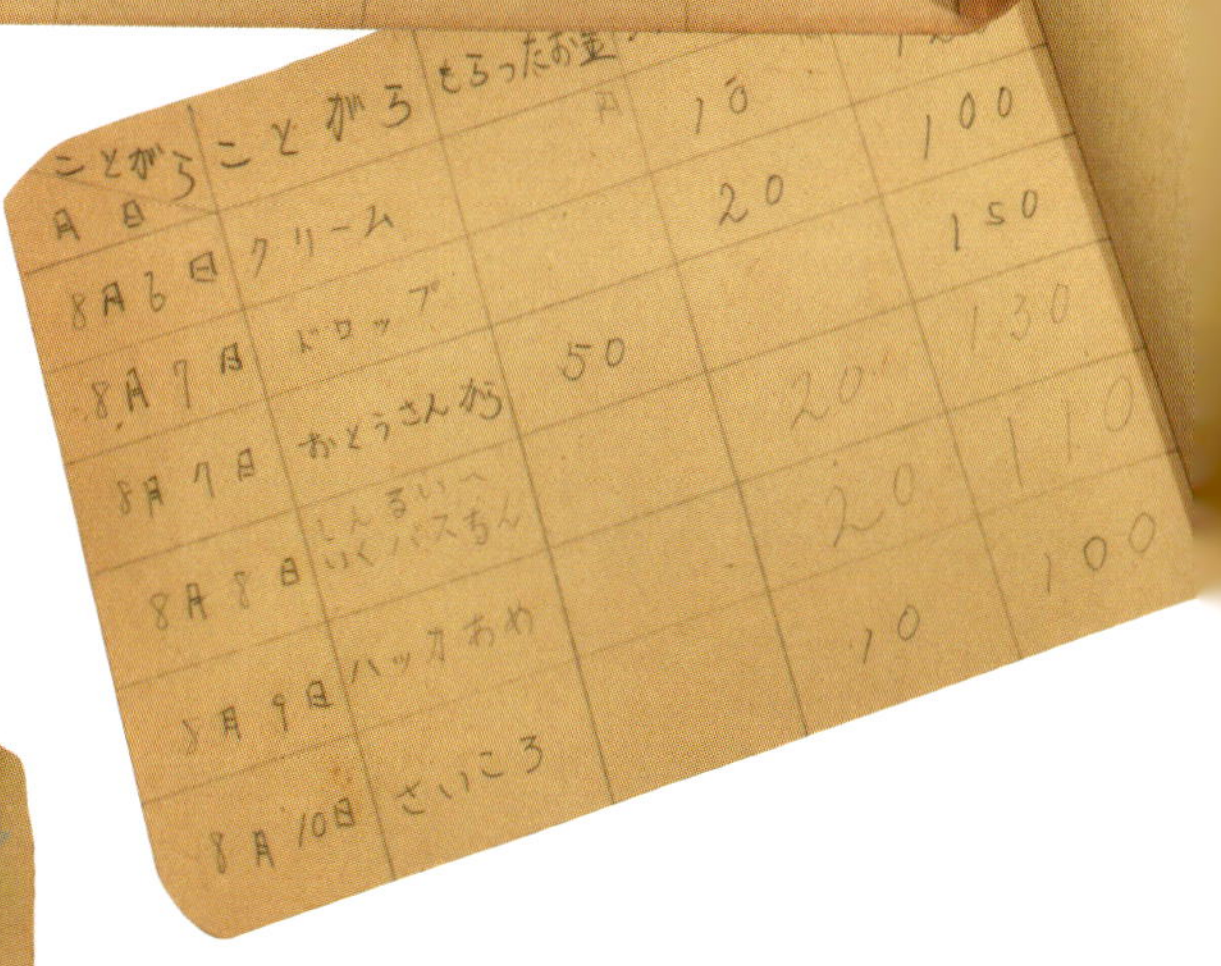

月日／ことがら	ことがら	もらったお金		
8月6日	クリーム	円	10	
8月7日	ドロップ		20	100
8月7日	おとうさんから	50		150
8月8日	しんるいへいくバスちん		20	130
8月9日	ハッカあめ		20	110
8月10日	さいころ		10	100

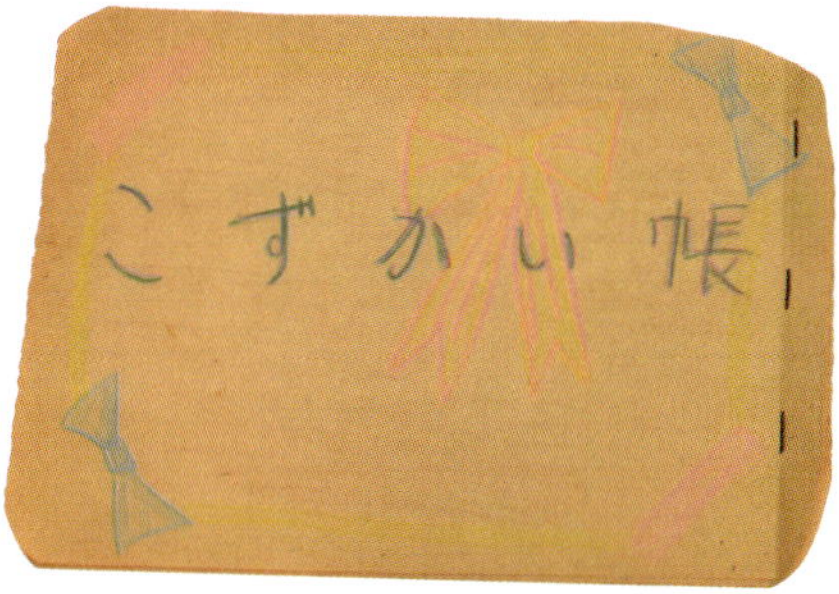

小学2年生のこづかい帳。
手製で、夏休みの収支が記録してある。
1957年（昭和32）。

16 カメラ少年・切手少年

カメラ、写真機を使って目に見える景色やもの、人物などを紙の上に写しとることには、子どもながらに大変興味を覚えた。昭和30年代に入ると、カメラも一般に普及し、家族の写真などを撮影することが日常になってきた。

重々しいカメラのボディ、精密《せいみつ》機械と思えるような構造、写し込んでいくレンズなど、魅力にあふれたものであった。時に旅行などで、カメラのシャッターを押させてもらえる機会があったが、指先に感じるシャッターの重みとシャッター音が小気味《こきみ》のよいものであった。おじから使わなくなったカメラをもらったときは、飛び上がるほど嬉しいものであった。

昭和30年代の少年向け、少女向け雑誌の裏表紙を見ていくと、フジペットというカメラが懸賞《けんしょう》の賞品として載っている広告が多くみられる。フジペットは子どもでも扱いやすいシンプルな構造で人気を博していたようだ。

本格的なカメラを持って構図を探る少年。1968年（昭和43）。

フジペットは、1957年（昭和32）に富士フィルムが発売したブローニー判（6センチ×6センチ判）カメラ。個性的なデザインと1950円という低価格で子どもたちにも人気を博した。

小さな子どもが遊ぶブリキのおもちゃ、駄玩具《だがんぐ》、日光《にっこう》写真などにも、カメラの形やデザインが組み込まれているものが多く、あこがれの対象であったことがうかがえる。

昭和40年頃までは、白黒のフィルムが用いられていた。現像《げんぞう》も比較的簡易にできるため、我が家の押し入れは暗室《あんしつ》として使われていた。

赤い電球、現像液や定着液《ていちゃくえき》などを浸しておくホーロー製のバット、プリントした印画紙を乾かす器械、写真を大きく引き伸ばすための引き伸ばし機などが押し入れのなかに組み込んであった。

暗室という空間は、子どもにとって未知の場所であり、日常とは切り離された異空間にも思えた。そこで自分の思いどおりに写真をプリントしている大人たちに、強いあこがれを抱いたものだ。

父からカメラの手ほどきを受ける少年。
1967年（昭和42）。

フジペットカメラが賞品となったクイズ。子どもたちに人気だったこのカメラは、さまざまな懸賞の賞品として用いられた。（『ペスよおをふれ』『なかよし』12月号付録 1958年［昭和33］講談社）

切手収集

子どもの頃、何かを収集することに没頭した経験のある方も多いようだ。瓶飲料の王冠、日本酒の一升瓶のキャップ、牛乳瓶の蓋、メンコやビー玉もその対象だった。なかでも、切手収集は「趣味の王様」とも言われたように、大人から子どもまで、大勢が夢中になった。

行ったことのない国、聞いたこともないような国で実際に使われた切手にはワクワク感を覚え、地図帳を開いて場所を確認してみたりもした。少年雑誌、少女雑誌とも、毎号のように切手の特集が組まれ、切手を通信販売する会社の広告が掲載されていた。写真は、駄菓子屋さんなどで販売されていた、切手や切手ファイルが景品となったくじや当て物である。昭和30年代。

［上］駄菓子屋のくじ・当て物。賞品は切手。
［右］切手ファイルにコレクションされた世界の切手。

クリスマスシーズンには百貨店の包装紙もクリスマス用の特別デザインのものが使用されていた。こうした包装紙は丁寧に開けられて、何かに再利用するため、リボンとともに大切に保管された。

サンタの扮装で園児たちにプレゼントを配る先生の後ろには鉢植えのクリスマスツリーが飾られている。幼稚園のクリスマス会の一コマ。1963年（昭和38）。

17 クリスマス

12月が近づくと、クリスマスツリーを飾ったり、イルミネーションを灯《とも》したり、クリスマスに向けて準備を進められる方も多いのではないだろうか。

クリスマスツリーを飾り、クリスマスケーキを食べ、プレゼントを贈る、というクリスマスの楽しみ方が一般家庭にも広く定着していったのは昭和30年代だったようだ。

少女雑誌の12月号の付録としてクリスマスカードが定番となり、家庭用のツリーを飾る電飾《でんしょく》、サンタやトナカイのモール人形、紙やプラスチック製のベルなど、オーナメントの種類も豊富になった。

こうしたクリスマス関係資料のなかでもとくに目を引くものが、デパートやおもちゃ屋のクリスマ

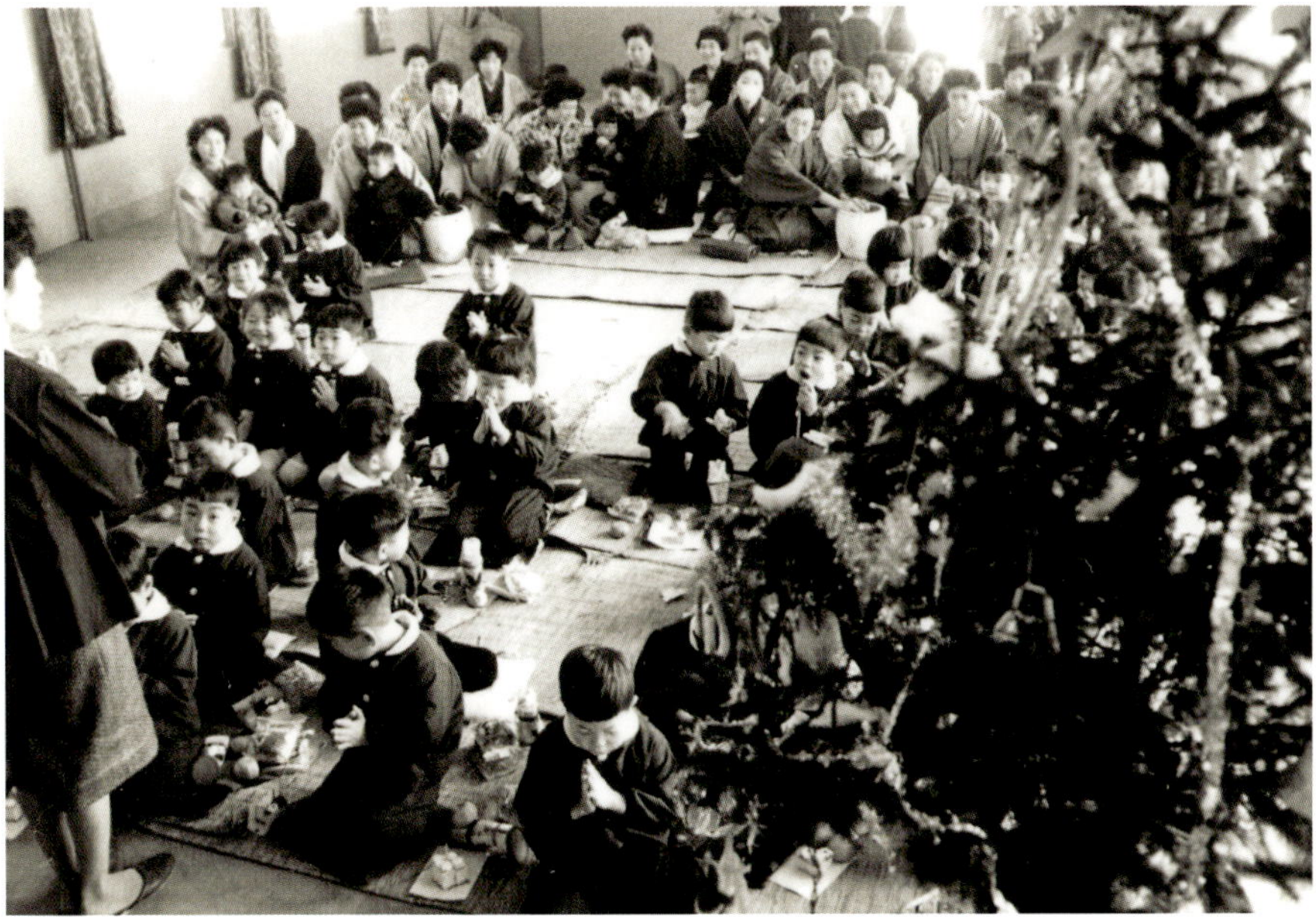

ござを敷いた幼稚園の講堂でみんなでクリスマスケーキを食べる。四角いデコレーションケーキの横にはプレゼントのブーツ入りのお菓子とみかん。1963年（昭和38）。

［右］クリスマスツリーのデコレーション用のガラス製電球。右はプレゼントの袋を肩に掛けたサンタ風のスノーマン。左は手に赤い実のついたヒイラギを持ったスノーマン。昭和30年代。
［左］サンタクロース形の電球。左は大きなベルトのついた上着を着た典型的なスタイル。右は足首までの長い外套を着ている。昭和30年代。

ス用の包装紙だ。クリスマス限定の華やかでかわいらしいデザインとうれしかったプレゼントの思い出のため、捨てられずに大切に保管されていたようだ。

1963年（昭和38）のある幼稚園でのクリスマス会を記録した写真には、先生がセルロイドのお面をかぶってサンタクロースに扮《ふん》し、子どもたちにブーツに入ったお菓子をプレゼントとして手渡している場面や、みんなで楽しそうにケーキを食べている様子が写っている。

植木鉢に植えられた生木のツリーの飾り、子どもたちの後ろで火鉢《ひばち》にあたる着物を着たお母さんたちの姿など、当時のクリスマスや暮らしの雰囲気がよく伝わってくる。

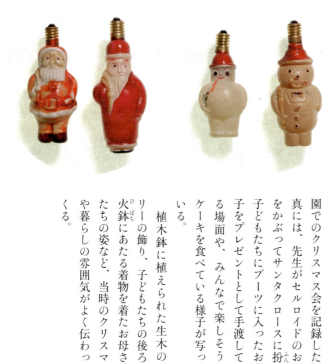

❶新岐阜百貨店のクリスマス用包装紙。昭和30年代。 ❷サンタともみの木がデザインされた不二家の包装紙。昭和30年代。 ❸ヒイラギのリースのなかにサンタが描かれた不二家の包装紙。昭和20年代。 ❹漫画風のタッチでサンタ、トナカイやベルなどが描かれた松坂屋の包装紙。昭和30年代。 ❺少年サンタが煙突からプレゼントを届ける松坂屋の包装紙。昭和30年代。 ❻オリエンタル中村（現・名古屋三越栄店）のクリスマス用包装紙。昭和30年代。

［左下］サンタの袋のなかにはうさぎや女の子の人形、ラッパや船のおもちゃが入っている。（『あそび』12月号 1958年［昭和33］静岡福祉事業協会）
［上］クリスマスツリーが飾られたあたたかな家庭の様子。（「おうちのなかはあたたかい」『あそび』12月号 1952年［昭和27］静岡福祉事業協会）

［上］プレゼントを抱えたサンタクロース。（「さんたのじいちゃん」『ひかりのくに』12月号 1953年［昭和28］ひかりのくに）
［下］デパートのおもちゃ売り場にはミルク飲み人形、こけし、トラック、ヨットのほか、ミキサーや洗濯機のおもちゃも並んでいる。（『ひかりのくに』12月号 1955年［昭和30］ひかりのくに）

買ってもらったプレゼントを大切に抱えて冬の街を歩く子どもたち。（『ひかりのくに』12月号 1955年［昭和30］ひかりのくに）

昭和という時代

戦前・戦中期

昭和時代は大きく前期、中期、後期と分けることができる。1926年（昭和元）から1989年（昭和64）まで続いた。

前期はいわゆる戦前・戦中期である。1931年（昭和6）の満州事変《まんしゅうじへん》に始まり、第二次世界大戦が終了する1945年（昭和20）までの、いわゆる戦時体制下となる時代である。戦争が激化するにしたがって暮らしは統制《とうせい》され、着るもの食べるものにいたるまで乏しく、厳しい状況下におかれた。

「もはや戦後ではない」

中期は、1945年（昭和20）から1965年（昭和40）、もしくは、日本万国博覧会《にほんばんこくはくらんかい》が開催された1970年（昭和45）あたりまでとすることができる。

戦争で荒廃した街並みや経済が急激な復興を遂げ、1956年（昭和31）度の『経済白書』には「もはや戦後ではない」という言葉も登場してくる。

電化元年とも呼ばれるこの時期、「三種の神器」として、テレビ、電気冷蔵庫、電気洗濯機があこがれの的となり、徐々に普及していく。電化製品はこのほか、電気釜、電気掃除機などが普及し、さらには、ダイハツのミゼット、マツダのK360といったオート三輪や富士重工業のスバル360といった軽自動車が普及し、1965年（昭和40）頃には、トヨタのパブリカを代表とする大衆車が登場し、モータリゼーションが進行していった。

この間、1964年（昭和39）には東京オリンピック、1970年（昭和45）には日本万国博覧会が開催され、名実ともに世界のなかの日本の役割の高さを示した。

高度経済成長期

ここでのキーワードとなるのが、「高度経済成長《こうどけいざいせいちょう》」である。1955年（昭和30）～1957年（昭和32）に神武景気《じんむけいき》と呼ばれる大型景気を迎え、日本経済は戦後の復興から技術革新による経済成長へと向かっていった。その後も、岩戸《いわと》景気（1958年［昭和33］～1961年［昭和36］）、オリンピック景気（1963年［昭和38］～1964年［昭和39］）、いざなぎ景気（1965年［昭和40］～1970年［昭和45］）と好景気を伴った。

1968年（昭和43）には、資本主義国のなかでアメリカに次ぐ第2位の国民総生産（GNP）を実現、1973年（昭和48）までのあいだ、経済成長を継続した。

経済の成長は、個人所得の増大に直結し、ライフスタイルの急激な変化をもたらした。「消費は美徳《しょうひびとく》」と考えられ、大衆消費社会が形成され

オイルショックの遺物

大量に残されていた粉末洗剤やチリ紙を寄贈していただいた。粉末洗剤は、10数箱、チリ紙は50束ほどと、かなりの量であった。

チリ紙と洗剤で思い起こされるのは、第一次オイルショックである。

1973年（昭和48）、中東戦争に端を発し、石油輸出国機構が原油価格を引き上げ、原油生産の段階的削減を決定した。この当時の日本における影響として有名な社会現象が、トイレットペーパーや洗剤などの買占め騒動だ。

写真の洗剤の製造年を調べていくと、1973年（昭和48）となっている。おそらく、オイルショック時に購入されたものだと考えられる。ここでは、粉末洗剤の箱の大きさにも驚かされる。今、私たちが慣れ親しんでいるものに比べると、ずいぶん大きく、ひとかかえほどある箱の内容量をみると2.65kgとある。

2槽式洗濯機（洗濯槽と脱水槽の2槽）と写真の粉末洗剤が使われていた時代が思い起こされる。

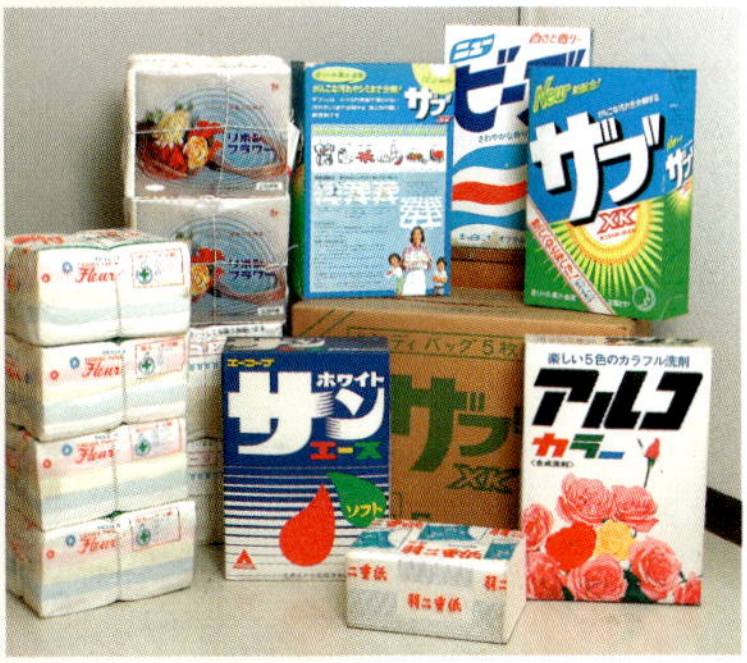

1963年（昭和38）発売開始の花王石鹼「ニュービーズ」、1960年（昭和35）発売開始の「ザブ」など洗濯用粉末洗剤。

ていった。1965年（昭和40）には白黒テレビの普及率が90％に達し、同時期、自動車（car）、カラーテレビ（color TV）、クーラー（cooler）は「新三種の神器」、「3C」と呼ばれた。

こうした経済成長の裏側も見すごせない。主要なエネルギー源が石炭から石油に代わり、日本の各地で急激な工業化がはかられる。これは、生活を豊かにしていくことであるが、反面、自然環境にダメージを与え、それが私たち人間に公害として戻ってくる事態を招いていた。モータリゼーションによる車の増加も交通渋《こうつうじゅう》滞《たい》や大気《たいき》汚《お》染《せん》につながった。

核家族の登場

この頃、人が暮らす基本的な単位となる家族にも変化や多様性がみえてきた。都市部とそれ以外では差があるが、昭和30年代（1955～）に入り、家族構成の特徴としてよく用いられる言葉が「核家族《かくかぞく》」である。「核家族」という言葉が流行したのが1963年（昭和38）のことである。もともとアメリカの人類学者ジョージ・マードックが、「人類に普遍的ですべての家族の基礎的な単位」という意味で用いはじめた“nuclear family”の和訳で、親とその未婚の子どもからなる家族をいう。

高度経済成長以前には1世帯の家族構成は、5人程度であったが、1970年（昭和45）には3・7人となった。住宅も、2DKの公団住宅、大阪の千里《せんり》ニュータウン、東京の多摩《たま》ニュータウンなど、ニュータウンの建設が相次いだ。

昭和から平成へ

その後、昭和時代後期となる1970年代には、ドルショック（1971年［昭和46］）や第一次・第二次オイルショック（第一次・1973年［昭和48］～、第二次・1979年［昭和54］～）が発生し、日本の経済状況はひっ迫。1974年（昭和49）には、戦後初のマイナス成長となり、その後も低成長が続いた。そして、バブル経済期へと向かい、平成時代（1989～）へと入っていった。

コラム

昭和のトイレ事情

汲み取り式便所

人が暮らしていくなかで欠かせない設備に便所・トイレがある。

地面に穴を掘り、コンクリートや石組みなどで作られた便槽に足を載せる板を置いた古いタイプの便所。これは、人糞《じんぷん》を農業用肥料として用いていた頃によく見られる。柄の長い柄杓《ひしゃく》を用いて汲み取り、肥桶《こえおけ》に人糞を入れ、畑などに設置された肥溜《こえだめ》に移し、発酵させて堆肥《たいひ》とした。

その後、直下式の数メートルの穴に陶器製の和式の大便器を設置したものが主流となり、浄化槽を用いる水洗式トイレを導入するまで使用された。この頃、汲み取りは、バキュームカーのタンクにホースで汲み取り、運んで処理していた。

水洗式トイレでは、水に溶けるタイプのトイレットペーパーを用いる必要があるが、汲み取り式では一緒に穴に落として捨てていたので、落とし紙や使いやすい大きさに切った新聞紙も使っていた。

［右］落とし紙・便所紙を入れていた紙入れ。昭和 30 年代。
［左］手洗い器。昭和 30 年代。

落とし紙

便所におかれている道具は、さほど多くはない。そのひとつが用を足したあとに拭き取るための紙。

現在はロール式のトイレットペーパーが主流であるが、便所が和式の汲み取り式だった時代には、チリ紙、落とし紙といったものが使われていた。壁面に取りつける形のトイレットペーパーとは異なり、1枚1枚の紙であるため、当然、積んでおいておくための道具が必要になってくる。それがいわゆる落とし紙入れ、便所紙入れである。

素材の面では、竹や葦《あし》で作られたもの、昭和30年代には針金をビニールで巻いた材料を使ったものがよく使われていた。

手洗い器

昭和時代に使われた日用品を集めて展示し、それを保存していく活動を続けているなかで、暮らしの展示に欠かせないのにもかかわらず長いあいだ、入手できなかった資料があった。それは家の手水場《ちょうずば》に取りつけられていた手洗い器だ。プラスチック製は今なお見かけることがあるが、ホーロー製やブリキ製はなかなか残っていなかった。

容器に水を蓄え、下についている細い棒を押し上げると栓が開き、手先を洗う程度には適量の水が流れるという仕組みである。

手洗い器は、水道が普及し、室内のいたるところで蛇口《じゃぐち》をひねれば水が出る暮らしになって、日常から姿を消していった道具といえる。

展示してある手洗い器を見て、訪れてくる方々が口々に「あった、あった」と声を上げる。なかには「たしかに手を念入りに洗うというには、水があまり出なかった。でも、水の節約にはなるよな」と、当時の暮らしの知恵に気づく方もいる。

第2章

少年少女のあこがれ・羨望の的

少年少女だった頃には、
おこづかいが限られていた。
また、新しいものが次々発売され、
手にするもの目にするものに
ワクワク感をそそられていた。
手に入らない手の届かないものに、
ことに強いあこがれを抱いていた。

❶ ノスタルジックフューチャー

かつて、子どものまわりには「未来」があふれていた。本や雑誌にはさまざまな未来予想図が描かれていたし、ロボット、ロケット、UFOなど未来的デザインのおもちゃが人気を集めていた。

そんな当時の未来予想図には、未来の快適な暮らし、画期《かっき》的《てき》な新しい乗り物、宇宙や深海といった未知の世界への冒険、宇宙人の襲《しゅう》来《らい》、大災害、地球滅亡《めつぼう》など、楽しく明るい未来だけでなく、暗く絶望的な未来も示されていたのだが、いい悪いに関係なくワクワクしながら眺め、自分なりの未来を想像して楽しんでいたものだ。

また、子どもがあこがれた未来は、はるか遠い非現実的な未来だけでなく、もうすぐ手が届きそうな未来だった。

ゼンマイ仕掛けのブリキ製ロボット。左2体は映画『禁断の惑星』に登場する万能ロボット「ロビー」を意識したデザイン。右は見る角度によって目がウインクしているように見える「ウィンキーロボット」。胸には「酸素メーター」を搭載する。昭和30年代。

宇宙船形のブリキのおもちゃ。手前右はアポロ計画のマーキュリーやジェミニ宇宙船をイメージした形態。昭和30〜40年代。

グライダーが宇宙船をはなれ火星へ着陸
（「宇宙船にのって火星にいく」『科学クラブ』第 2 巻 6 号 1957 年［昭和 32］東雲堂）

ドームのなかに屋上が緑化されたビル群が並ぶ街区、農地などが作られている。
（「火星での生活」『科学クラブ』第 2 巻 6 号 1957 年［昭和 32］東雲堂）

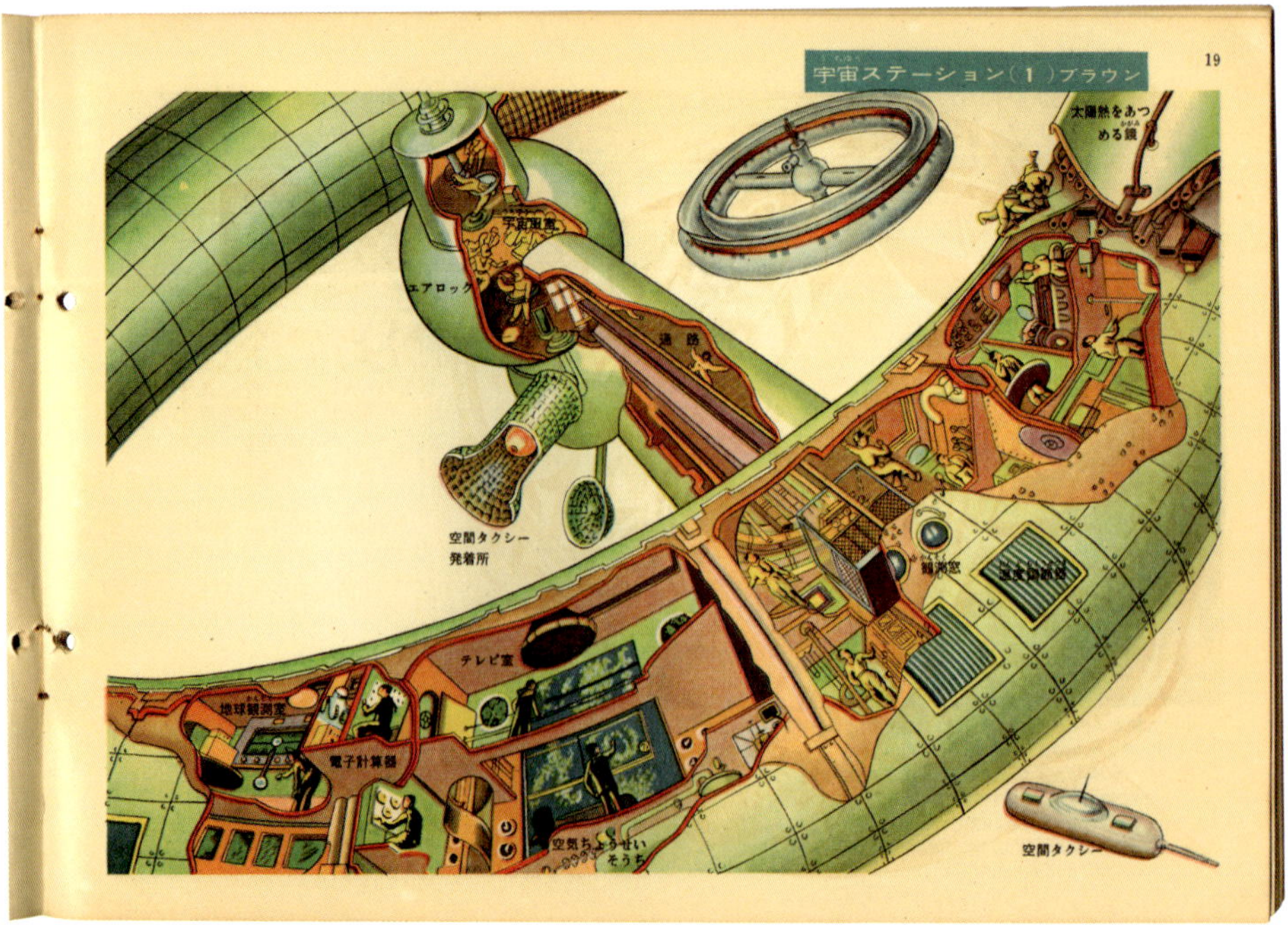

宇宙ステーション内部の図解
（「宇宙ステーション（1）ブラウン」『科学クラブ』第2巻6号1957年［昭和32］東雲堂）

車、オートバイ、流行のファッション、化粧、恋愛、それぞれ覗《のぞ》いてみたいあこがれの大人の世界は違ったが、子どもと大人の世界をつなぐ窓はたいていの場合、雑誌とその付録冊子であった。

とくに人には聞きづらい恋愛とその周辺のことについては雑誌類の情報が唯一の頼りとなることも多かった。大人になってみて役に立った情報は少なかったが……。

来たるべき輝かしい「未来」にワクワクと心躍らせながらも、手が届きそうで届かない大人の世界にあこがれ、焦燥《しょうそう》、不安を抱いていたあの頃。あの頃夢見た遠い「未来」、近い「未来」はどんなカタチだったのか。あの頃夢見た「未来」に向かって旅に出よう。かつての「未来」へと記憶をさかのぼる時間旅行へ。

宇宙時代の到来

子どもたちが夢や想像に描いた未知の宇宙空間。その未知なる宇宙に人類が初めて到達したのは昭和30年代のことだった。アメリカとソヴィエト連邦との宇宙開発競争により「宇宙時代」が到来した。

ソヴィエト連邦による1957年（昭和32）の人工衛星スプートニク1号の打ち上げ成功に続き、1961年（昭和36）にはガガーリン少佐らを乗せたボストーク1号による人類初の有人宇宙飛行が実現した。そして、1969年（昭和44）にはアメリカによるアポロ11号での人類史上初の月面着陸が成功し、全世界的な宇宙ブームが巻き起こった。

このアポロ11号の打ち上げから月面着陸までの一部始終は世界各国でテレビ中継され、日本ではNHKが衛星生中継で放送を行った。着陸の様子は大人から子どもまで固唾《かたず》をのんで見守り、着陸成功時の瞬間視聴率はNHKの調べによると68.3%におよび、全世界では6億人もの人がこの偉業を見守っていたとされる。

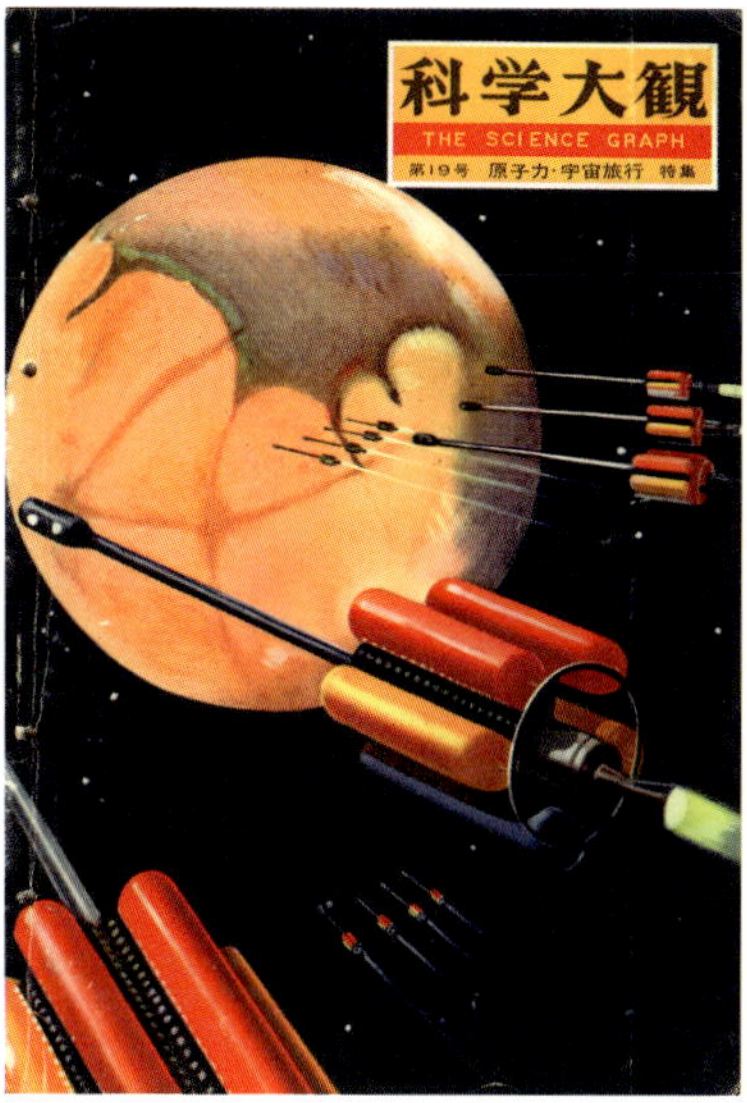

［左］『科学大観』第 8 号表紙（天文と気象特集 1958 年［昭和 33］世界文化社）
［右］『科学大観』第 19 号表紙（原子力・宇宙旅行特集 1960 年［昭和 35］世界文化社）

月面を歩くオルドリン宇宙飛行士。
撮影者はアームストロング船長。
（『アサヒグラフ』緊急特別号 1969 年
［昭和 44］朝日新聞社）

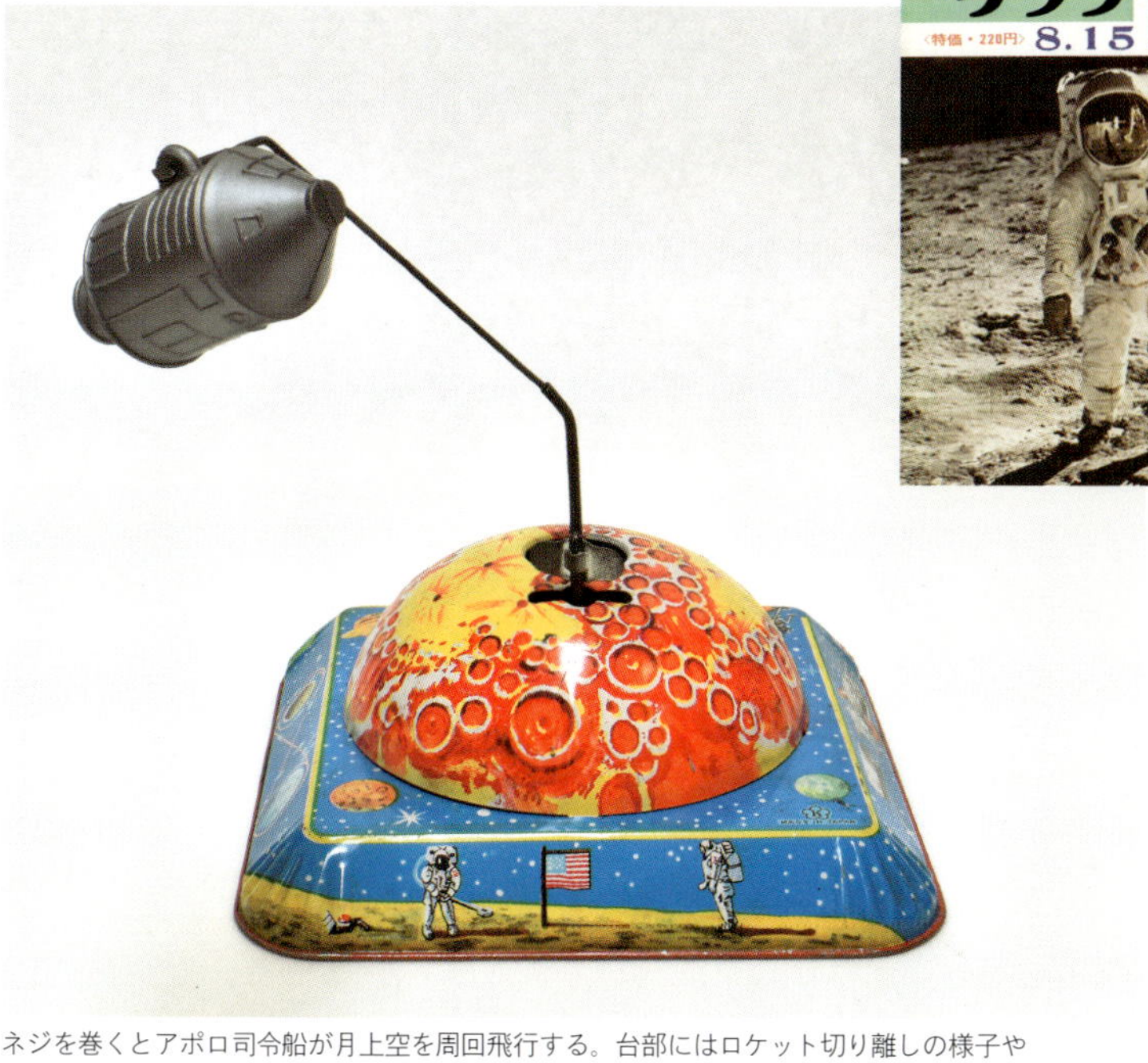

ネジを巻くとアポロ司令船が月上空を周回飛行する。台部にはロケット切り離しの様子や
月着陸船などのイラストが描かれている。昭和 40 年代。

カウボーイのテンガロンハットに見立てた麦わら帽子と、ブーツに見立てた長靴、ガンベルトを腰に巻き、右手にピストル。1963年（昭和38）。

コルト455。SPARKLINGとは、「火花を発する」の意味。

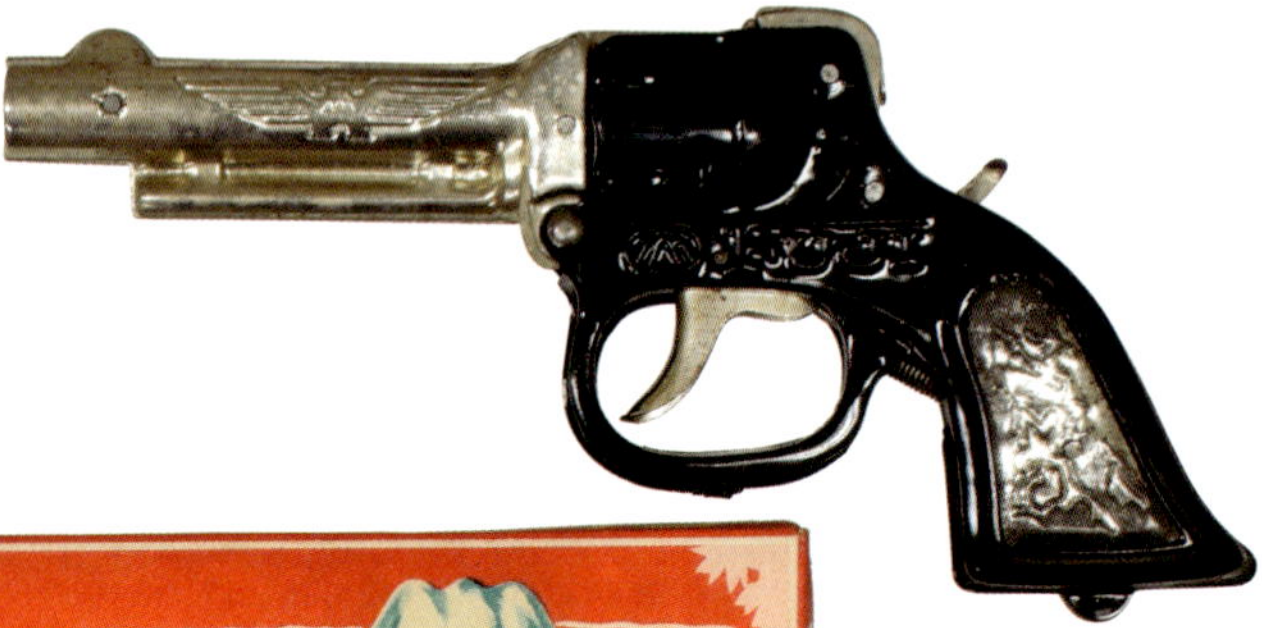

ブリキ製のおもちゃのピストル。巻き玉の火薬を使い、連発ができるピストル。

2 禁じられた遊び

——火薬を使った玩具

子どもの頃あこがれたもののひとつに、西部劇《せいぶげき》に登場するガンマンがあった。私の幼い頃の写真にも、麦わら帽子を深々とかぶり、両手に火薬を使うブリキ製のおもちゃのピストルを持ち、右手に持ったピストルの銃口に口をすぼめて息を吹きかけている様子が写っている。

時代劇をまねて、ちゃんばらごっこをするのと同じように、西部劇の主人公であるガンマンをまねて楽しんでいた。

ピストルでは、ほかに、コルク玉が空気圧で飛び出すものや、1円玉くらいの大きさのプラスチック製の円盤が飛び出すもの、銀色の玉が飛び出す通称・銀玉鉄砲《ぎんだまてっぽう》、引き金を引くと火花が散るものなどがあった。

引き金を引くたびにピストル内に火花が起きる。SPACE RAY GUN、Atomic などの名前がついている。中央は、当時人気を博した黄金バット仕様である。

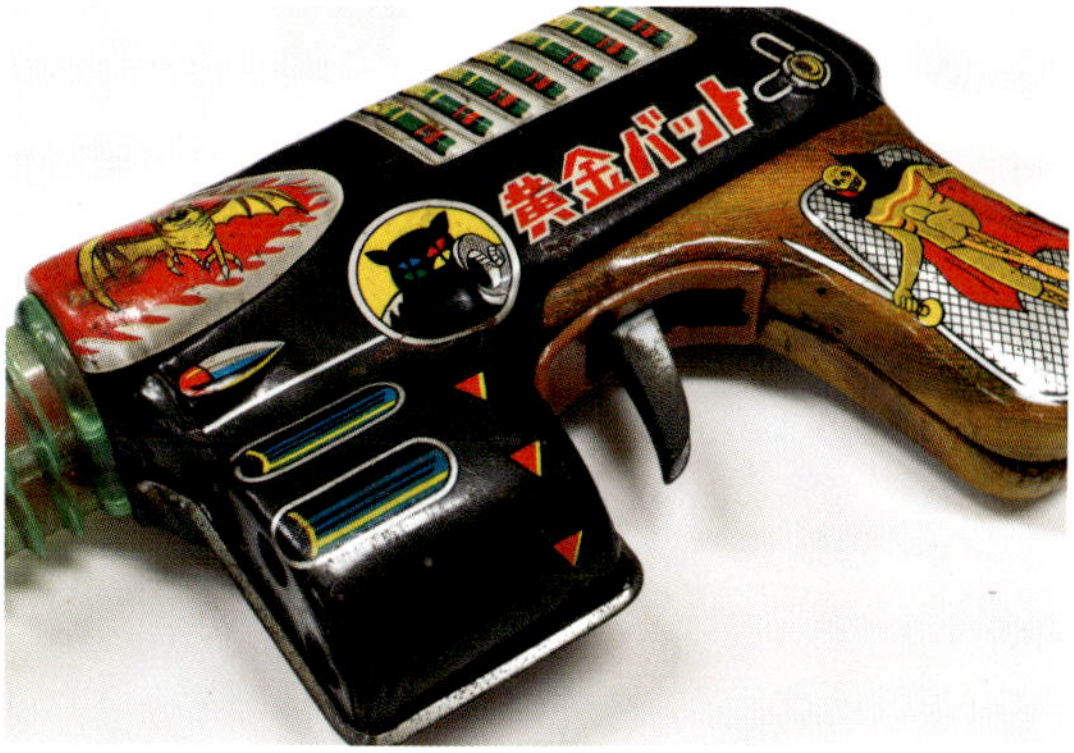

いとこと一緒におもちゃのピストルでガンマンをまねて遊んだ。1968年（昭和43）。

腰にガンベルトを巻き、本格的なカウボーイハットをかぶる姿にあこがれたが、いつもその代用品として普通のベルトや麦わら帽子などで遊んでいた。

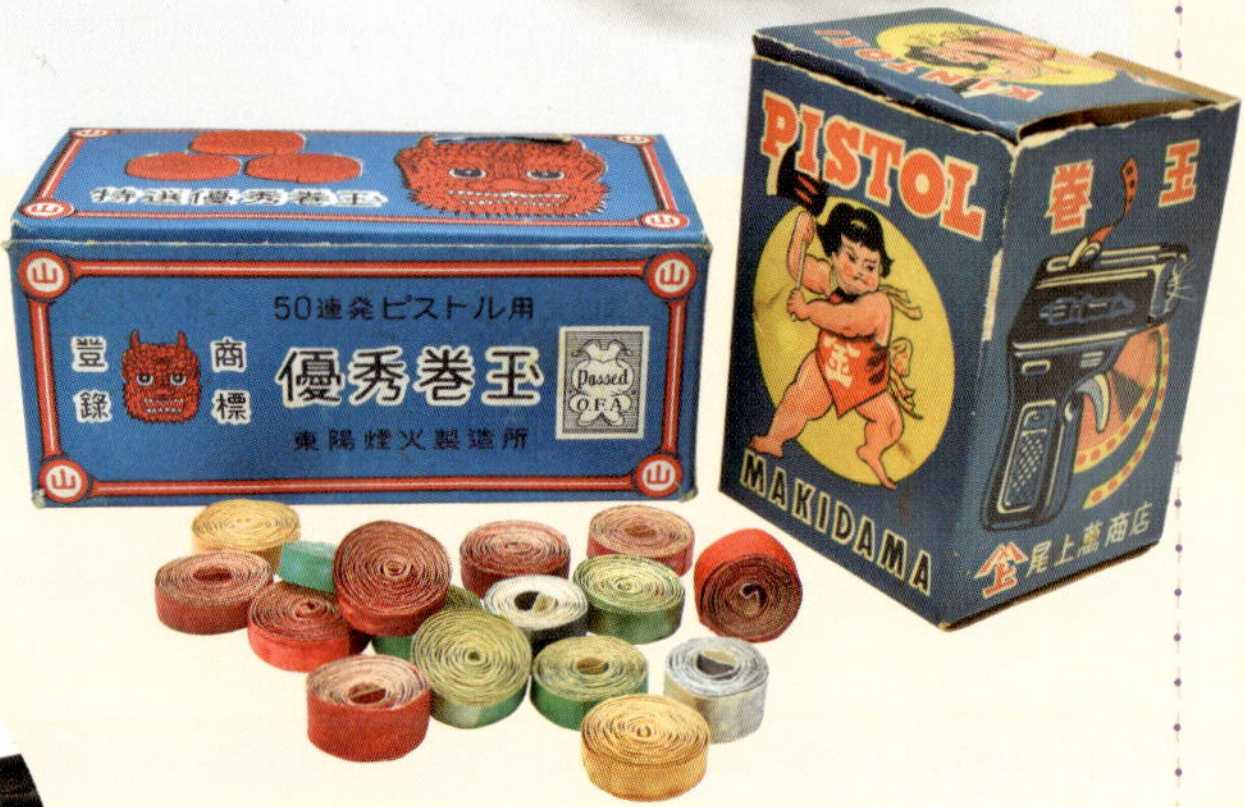

ブリキ製ピストルと巻き玉。ロール式の火薬を装填（そうてん）すると連発が可能となる。

ブリキ製ピストルと平玉。1発ずつ火薬を詰める。

コラム

ブリキ製ピストルと巻き玉

写真は、1955年（昭和30）頃のブリキ製のピストルと巻き玉である。巻き玉は、8ミリほどの幅の紙テープに1センチおきぐらいに粒状の火薬が仕込まれている。この巻き玉をピストルに入れ、引き金を引くと、1粒の火薬が大きな音を立てて破裂《はれつ》する。弾は飛び出さないが、声で「バーン」と言うのとは比べものにならない本格的なものだった。

引き金を引くだけで連射《れんしゃ》ができるタイプが人気を博した。巻き玉ではなく、1センチ角ぐらいの紙に1粒の火薬が入った単発式の平玉もあった。

③ 駄菓子屋さんという社交場

昭和30年代に小学生となったのが、第一次ベビーブーム世代。戦争の影響がまだ残る時代のこと、おもちゃだけでなく、もの自体が現在と比べて格段に少なかったため、遊びにはさまざまな工夫が取り入れられることとなった。

メンコの補強、空き缶や割れた茶碗などを使ってのままごと遊び、適当な材木を使ってのチャンバラや野球など。だからこそ、こづかいの10円玉を握りしめ駄菓子屋《だがしや》さんへ向かうときは、たとえようのないほどワクワクした気分になったことだろう。駄菓子屋さんでメンコやビー玉を買うことで買い物の仕方を覚え、子ども同士の社交場のようになっていた。

［右］駄菓子が入ったビン。
［左］セルロイド製やブリキ製の駄玩具。昭和 30 年代。

たばこ屋を兼ねた駄菓子屋。「出し子」と呼ばれる駄菓子ケースには色とりどりの菓子。店頭ではアイスクリームを売る。

かき氷やアイスクリームを売っていた駄菓子屋。

「出し子」いっぱいに詰められた駄菓子。

［上］子どもたちのこづかいで買うことのできる金額の玩具が並ぶ。
［下］駄菓子は量り売りが基本。小さなスコップのような道具ですくう。

昭和の子どもたち

「昭和の子どもたち」とひとくくりに表現されることが多いが、都市部、農村部などの地域差、数年単位での時代差、子どもが暮らしている個々の環境などによって、実に多様な姿を見せる。

通っていた小学校の校舎は木造校舎、もちろん、教室の床も天井も木造。机や椅子も木製であった。給食はアルマイト製の食器で、当時は、クジラの竜田《たつた》揚《あ》げなど今では見られないメニューもあった。女の子はおかっぱ、男の子は坊主頭かおでこ丸出しで前髪がきりそろえられていた。

遊びの基本は、工夫。駄菓子屋さんでメンコやビー玉などは５円、10円で買っていたが、ブリキのおもちゃや抱きかかえるほどのサイズの人形などは高嶺《たかね》の花であった。

さらに、テレビが登場し、その画面のなかでアニメーションが動く、子どもたちにとっても驚きの瞬間であった。

『怪人二十面相』（江戸川乱歩 松野一夫／装丁 1958年［昭和33］光文社）

4 少年探偵団

「少年探偵団《しょうねんたんていだん》」は1936年（昭和11）に雑誌『少年倶楽部』（大日本雄弁会講談社）に掲載された江戸《えど》川乱歩《がわらんぽ》の『怪人二十面相』に登場する。子どもたちが探偵団を結成し活躍する物語である。

昭和30年代には、子どもたちに人気だった雑誌『少年』の付録として、少年探偵団の七つ道具のひとつである「少年探偵手帳」がついていた。

サングラスをかけてポーズを決める少年。1960年（昭和35）。

「少年探偵手帳」の一節より

「むやみに犯人をおっかけまわすだけが、名探偵ではありません。頭をはたらかすことがたいせつです。

　よく注意して、どんな小さなことも見おとさないようにする。そうして頭にいれた、たくさんの手がかりによって算数の計算をするようにほんとうの答をわりだすのです。

　だれが、いつ、どこで、どんな方法で、なにをしたかということを、はっきりみつけだすのです。犯罪にかぎりません。世のなかのこと、すべて、こんなふうに、じゅんじょよくかんがえなければ、ほんとうのことはわからないのです。

　さあ、この探偵手帳をよんでじゅんじょよくかんがえる方法をまなんでください」

（『少年』新年号付録 1961年［昭和36］光文社）

江戸川乱歩［えどがわ・らんぽ］

1894年（明治27）～1965年（昭和40）。作家。探偵小説の祖とされるアメリカの小説家、エドガー・アラン・ポーの名を「江戸川乱歩」としてもじったペンネームを用いた。大正時代から昭和時代にかけて多くの推理小説、探偵小説を手がけた。

昭和30年代に少年少女期をすごした人の多くが、『怪人二十面相』『少年探偵団』を作家の代表作として位置づけているようである。

ピストルのいろいろ（「少年探偵手帳」『少年』9月号付録 1960年［昭和35］光文社）

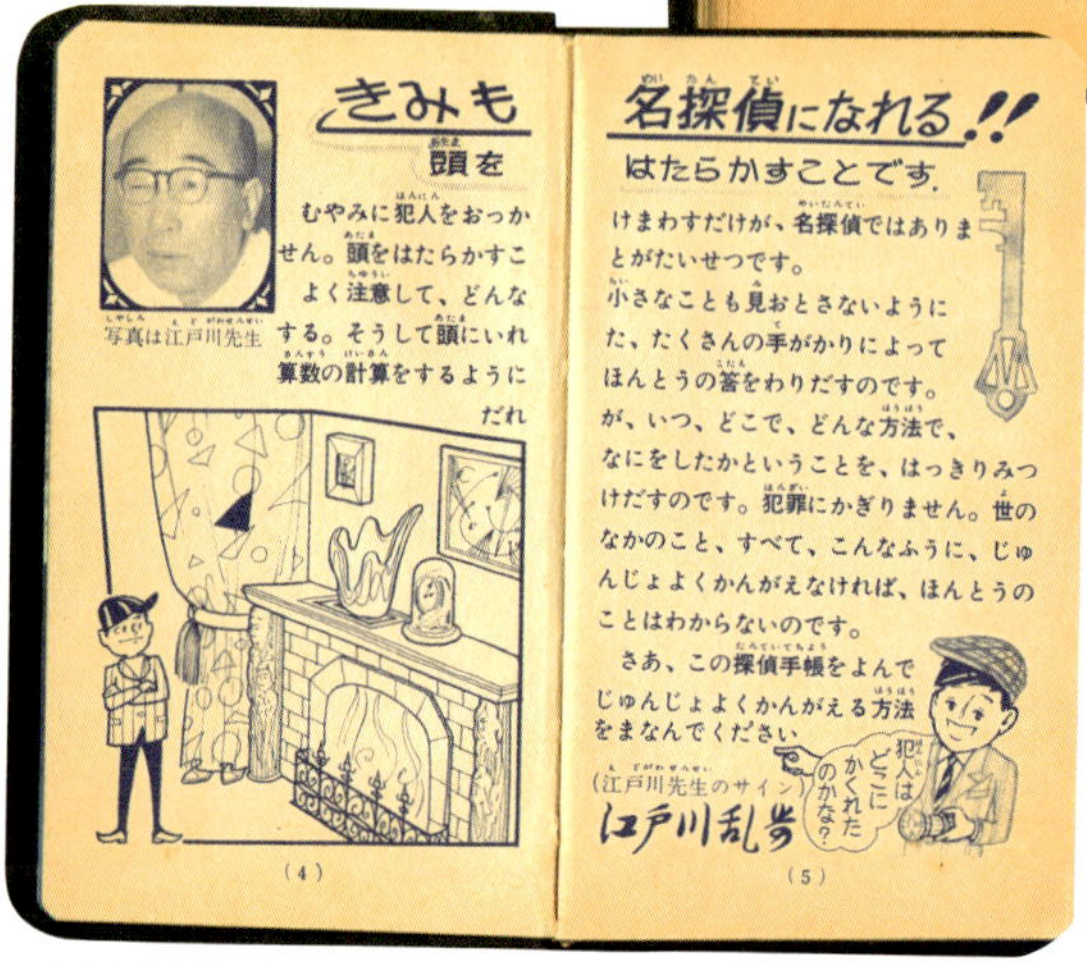

きみも名探偵になれる（「少年探偵手帳」『少年』新年号付録 1961年［昭和36］光文社）

「少年探偵手帳」（『少年』9月号付録 1959年［昭和34］光文社）

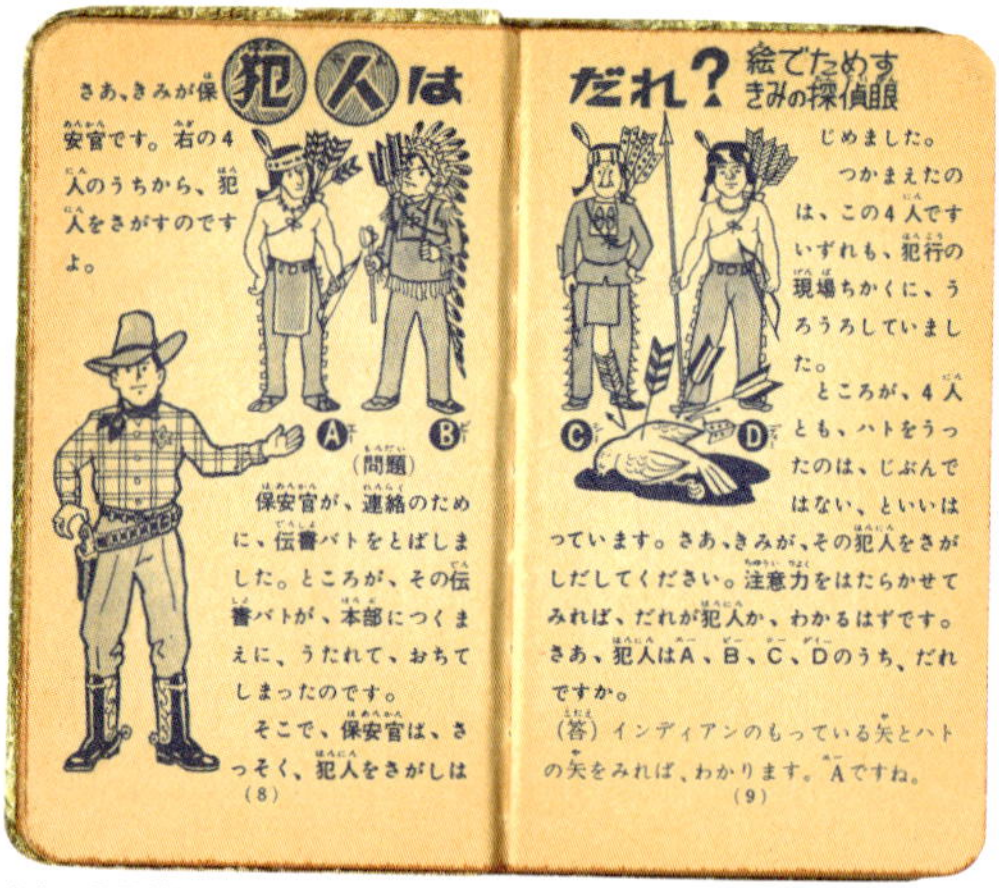

犯人はだれ？（「少年探偵手帳 第3集『少年』5月号付録 1960年［昭和35］光文社）

［上］日光写真用カメラのいろいろ。
8マン、鉄人28号など人気キャラクターや映画俳優などが描かれた。
［下］カメラ、写す絵柄が描かれた種紙、印画紙の3点セット。

5 日光写真

日光写真《にっこうしゃしん》はサンピクチャーなどとも呼ばれ、印画紙《いんがし》の上に種紙《たねがみ》をおき、それを太陽の光にさらすことによって印画紙が感光《かんこう》し、写真ができあがるものである。

印画紙と種紙を押さえつけるものさえあればこと足りるが、箱本体とガラス蓋で印画紙と種紙を挟み込むキャラメル箱くらいのものがよく用いられた。本体にはさまざまなタイプのカメラがデザインされ、印画紙をおく部分には鉄腕アトム、鉄人28号、8マンなどのアニメキャラクター、石原裕次郎《いしはらゆうじろう》らの俳優、時代劇の主人公などが描かれていた。

種紙は、トレーシングペーパーのような光を通す薄い紙に白黒で印刷されている。大きなシートに何枚もの絵柄が並んでいて、そこから1枚1枚を切り離して使用する。絵柄は時代によって変化しており、戦前のものでは道徳、戦時下の暮らし、時代劇などが描かれ、昭和30年代に入るとテレビなどに登場するキャラクターや人気俳優が多く用いられるようになってくる。

何も写っていない印画紙に火星タンクの種紙を載せ、カメラに挟んで日光に当てると、印画紙が感光して種紙の白い部分が黒くなる。

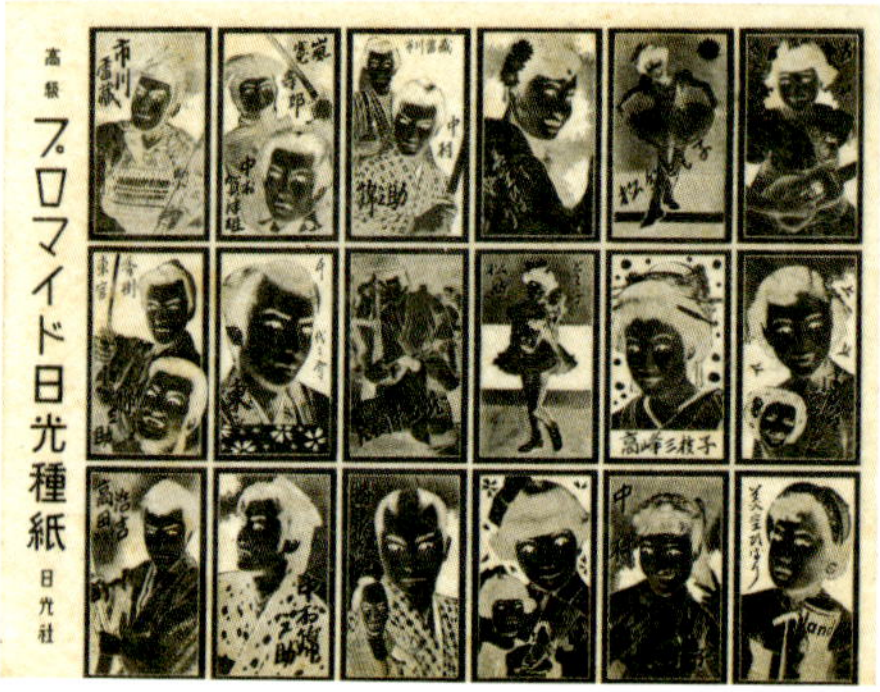

ブロマイド日光種紙。種紙にはイラストのほか、白黒の人物写真のように写るタイプもあった。時代劇俳優や人気歌手が種紙になった。

人気キャラクター

この頃人気を博したキャラクターをあげればきりがないが、たとえば、山《やま》川惣治《かわそうじ》の『少年王者』は、ジャングルに残された日本の少年の物語で、和製ターザン物語といえる。1951 年（昭和 26）から『産業経済新聞』に連載された『少年ケニヤ』も印象深い。1949 年（昭和 24）より『少女』に連載された倉《くら》金章介《かねしょうすけ》の『あんみつ姫』は、あまから城主のあわのだんごの守の愛娘、ユーモアあふれるキャラクターが人気だった。1954 年（昭和 29）に『少年画報』に掲載された『赤銅鈴之助《あかどうすずのすけ》』は、1 作目を福井英一《ふくいえいいち》が描いたが、その後を武内《たけうち》つなよしが連載し、大ヒット漫画となった。

1951 年（昭和 26）から手塚治虫《てづかおさむ》が『少年』に連載した『アトム大使』の脇役だったアトムの人気が高まり、主役となり、翌年から『鉄腕アトム』が始まった。『鉄人 28 号』は、横山光輝《よこやまみつてる》の作で、1956 年（昭和 31）から『少年』に連載された。堀江卓《ほりえたく》の『矢車剣之助』、桑田次郎《くわたじろう》の『まぼろし探偵』、川内康範《かわうちこうはん》原作の『月光仮面』などのヒーロー物も人気があった。『月光仮面』は、1958 年（昭和 33）から『少年クラブ』に連載、同時に実写作品としてテレビや映画でも活躍した。

ノーチラス号をはじめとしたブリキ製の潜水艦。

6 ブリキの潜水艦

昭和30年代から昭和40年代にかけて、ブリキのおもちゃが大流行した。なかでも潜水艦《せんすいかん》のブリキのおもちゃは、実際に水に浮かべて遊ぶことができたため人気があった。ただし、実際に水のある場所で遊べるということは、そのおもちゃ自体を失うリスクも伴っていた。

ノーチラス号はジュール・ヴェルヌの小説『海底2万マイル』から採られたものであり、独特なデザインとフォルムが人気を博した。今見ると懐かしいものでありながら、不思議な未来感を備えている。

現実の潜水艦は軍事力として用いられる非日常の存在であったことから、身のまわりに日常的にあるものをモデルとしたおもちゃとは違い、特別な興味をそそられるものでもあった。

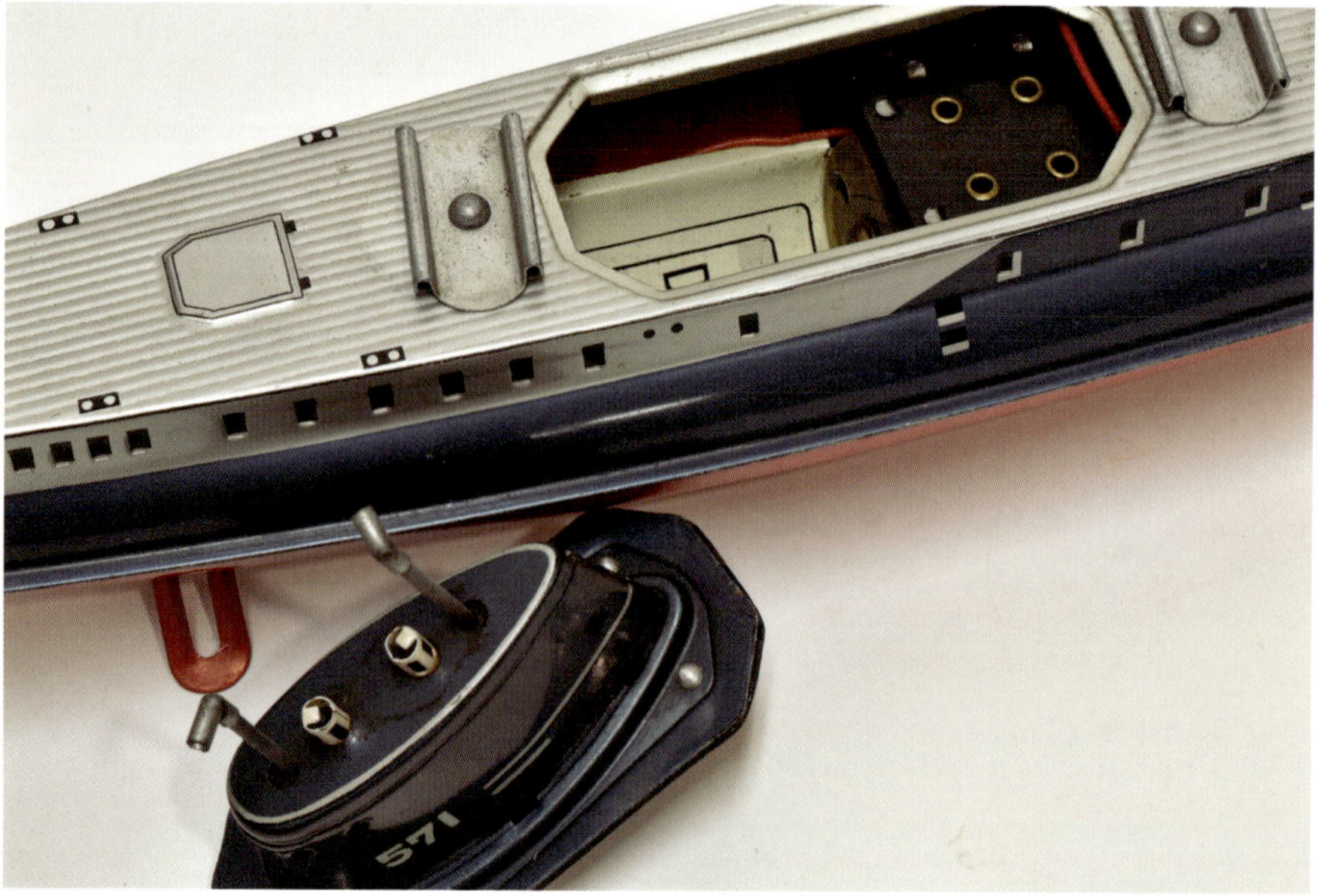

乾電池式のブリキ製の潜水艦。
ブリッジ部分を外して乾電池を入れる。

フリクションモーター式のブリキ製の潜水艦。レバーを回転させ、内蔵されたはずみ車を回して、その慣性で進む。スクリューの後ろの板を左右に動かすことで進む方向を変える。

ブリキの玩具

ブリキとは、薄い鉄板に錫メッキを施したものである。加工しやすいが、錆びやすいという鉄の欠点をメッキによって補った素材である。ブリキは、19世紀初頭には日本に伝わり、明治時代の後半には、ブリキ板への印刷技術が飛躍的に向上したことにより、外国製品に匹敵する良質なブリキ玩具の生産が実現した。

さらに第一次世界大戦によるヨーロッパの混乱は、玩具大国ドイツの生産量を減少させ、代わって日本のブリキ玩具の生産量、輸出量が急増し、発展した。

その後、第二次世界大戦に向かう戦時下において、金属玩具の製造が禁止されるなど受難の時代を送る。

そして、戦後、日本が培ってきた技術と、進駐軍から放出された空き缶などの再利用によって、日本のブリキ玩具は復興を遂げていった。

7 宝箱

子どもの頃、まんじゅうやキャラメルなどを食べ終わったとき、その空き箱を手に入れようと弟と争った思い出がある。

空き箱は、子どもにとっては創造力を発揮するアイテムだった。切ったり、組み合わせたり、色を塗ったりと工夫を凝らし、戦車や自動車など、あこがれの品を作り出したものだ。

なかでも、ワイシャツの空き箱（写真右下参照）には中蓋があって透明のセロハンが貼ってあり、ガラスケースのようだった。なかに入れたものを引き立ててくれたので、とくに夏休みの昆虫採集《こんちゅうさいしゅう》の成果である標本《ひょうほん》を収めるのには最高の箱だった。

そのワイシャツの箱より人気だったのが、ビスケットなどが入っていたブリキ製の空き缶である。紙の箱よりも丈夫だったため母親にも使い道があり、手紙を入れたり、家計簿や通帳を入れておいたりしていた。明らかにほかの箱とは別物だとわかり、区別するために重宝したようだ。そのため、なかなか子どもたちの手には入りにくかったが、ねだって手に入れることができたなら、たいていは「宝箱」と名づけていた。

皆さんにも、子どもの頃、宝箱にしていた思い出の空き箱があるのではないだろうか。どんな箱で、どんな使い方をしていたのか。

宝箱の候補となるブリキ製の菓子缶とワイシャツの空き箱。
グリコのビスコ、明治製菓のシック、森永製菓のフラワー、扇雀飴、パインアメの缶。

少女の宝箱。昭和 30 年代に少女期をすごした方にうかがうと、アクセサリー、雑誌の付録、おはじき、リリアン、おもちゃの腕時計などを宝箱にしまっておいたそうだ。

8 少女の宝箱

少女が宝箱のなかに大切にしていたものには、ブローチや髪飾りなどの装飾品のほか、おはじき、お手玉といった玩具、雑誌の付録などがあったようだ。

なかには、当時流行した大きめのボタンや、裁縫道具の糸巻きなど、かわいらしいと思うものを集めて、宝箱をコレクションボックスのように扱っていた。

当時、大流行していたリリアンや、それで編んだ組紐《くみひも》なども自分の大切な作品として保管されていた。

おもちゃの指輪や時計、セルロイド製の人形など。

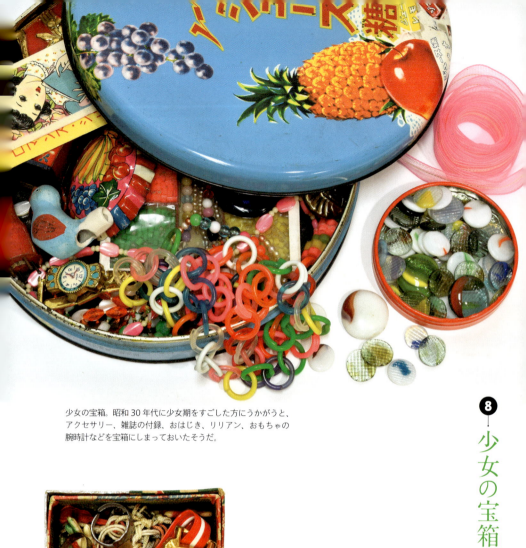

少女の宝箱。花柄の丸いホーロー製の入れ物に、おはじきやリリアンが入っている。

ボタンやかわいらしい糸巻きなども宝箱に。

リリアン

てのひらに収まる筒型の器具を使って糸を細かく編み込み、紐を作る手芸用品であり、玩具でもある。

1955年（昭和30）頃のリリアンは、木製で、釘のような掛け金具が5本打ち込まれている。この金具に糸を掛けながら、紐を編み込んでいくものである。

リリアンの道具も宝物であったようだが、編み上げた紐も自分のオリジナル作品として大切にしていた。

過去形で表記しているが、今でも広く親しまれている手芸用品であり、できあがった紐は作品である。

NAGOYA

少女の宝箱。松坂屋と名鉄百貨店のシャツの箱。きれいな包装紙や雑誌の付録のしおり、ミニチュアのままごと道具など。昭和30年代。

9 少年の宝箱

少年の宝箱には、ブリキ製の火薬鉄砲や火薬、メンコ（ショウヤ）、ビー玉などが定番であった。なかには、1銭や5銭といった古い硬貨、重厚感のあるメダルやバッジ、拾ってきた王冠、5寸釘なども入っていた。

メンコの勝負をする際には、宝箱ごと携帯して出かけていった。

［左］少年の宝箱。強ければメンコは増え、弱ければメンコは奪われていく。駄菓子屋で新しいメンコを買うと、ロウソクを擦りつけて表面を補強した。

野球のボール、スーパーボール、ビー玉、パチンコ玉なども宝物。

少年の宝箱。ブリキの車、時計のおもちゃ、火薬や玩具のピストルなど、この宝箱があれば、いつでも友だちと遊べた。

駄玩具にまつわる思い出

「あーっ、このお菓子食べたことあるー」、「ビー玉でよく遊んだね」、「ぼくらの子どもの頃の遊びといえば“ショウヤ”だね」、「ショウヤって何？」、「こうやって地面に置いたショウヤを自分のショウヤでひっくり返せば、それを自分のものにできる遊びだよ」、「このへんではショウヤっていうんだ。ぼくらはメンコって呼んでたね」

駄玩具を展示しているコーナーの前では、こんな会話がよく聞かれる。

懐かしい、思い出深いことについて語り合い、共有し、楽しいコミュニケーションの時間をすごす。こうした時間を暮らしに取り入れることで、心身の健康が増進される。

昭和日常博物館は、懐かしい話をするには最適な場所となっている。長方形や円形、大きさもデザインもさまざまなショウヤやメンコの実物を目にすれば、先の会話にさらなる花が開いていく。

標準的には「メンコ」と呼ばれる玩具だが、地域によって呼び名や遊び方はさまざまである。名古屋周辺では、ショウヤと呼ばれた。基本的な遊び方は、地面においた相手のメンコに自分のメンコを投げつけ、風圧やぶつかる衝撃でひっくり返せれば勝利。相手のメンコを自分のものにすることができた。

セルロイド製の人形やウサギが乗るブリキ製の三輪車のおもちゃ。ゼンマイを巻いて走らせる。後部には、ブリキ製のベルがついていて、走ると同時にチリンチリンと鳴る。昭和30年代。

セルロイド製の人形。昭和20年代。

10 セルロイドのおもちゃ

セルロイドは、19世紀中頃に誕生した史上初の合成樹脂《ごうせいじゅし》である。植物の成分であるセルロースから生成したニトロセルロースと樟脳《しょうのう》を混ぜて作られた素材である。

　昭和30年代頃までは、筆箱《ふでばこ》、下敷きといった文具類をはじめ、おもちゃや洗面器などは、セルロイド製が主流であった。

　セルロイドは安価で成形や着色がたやすく、大量生産向きであることから、広範囲な製品に使われ

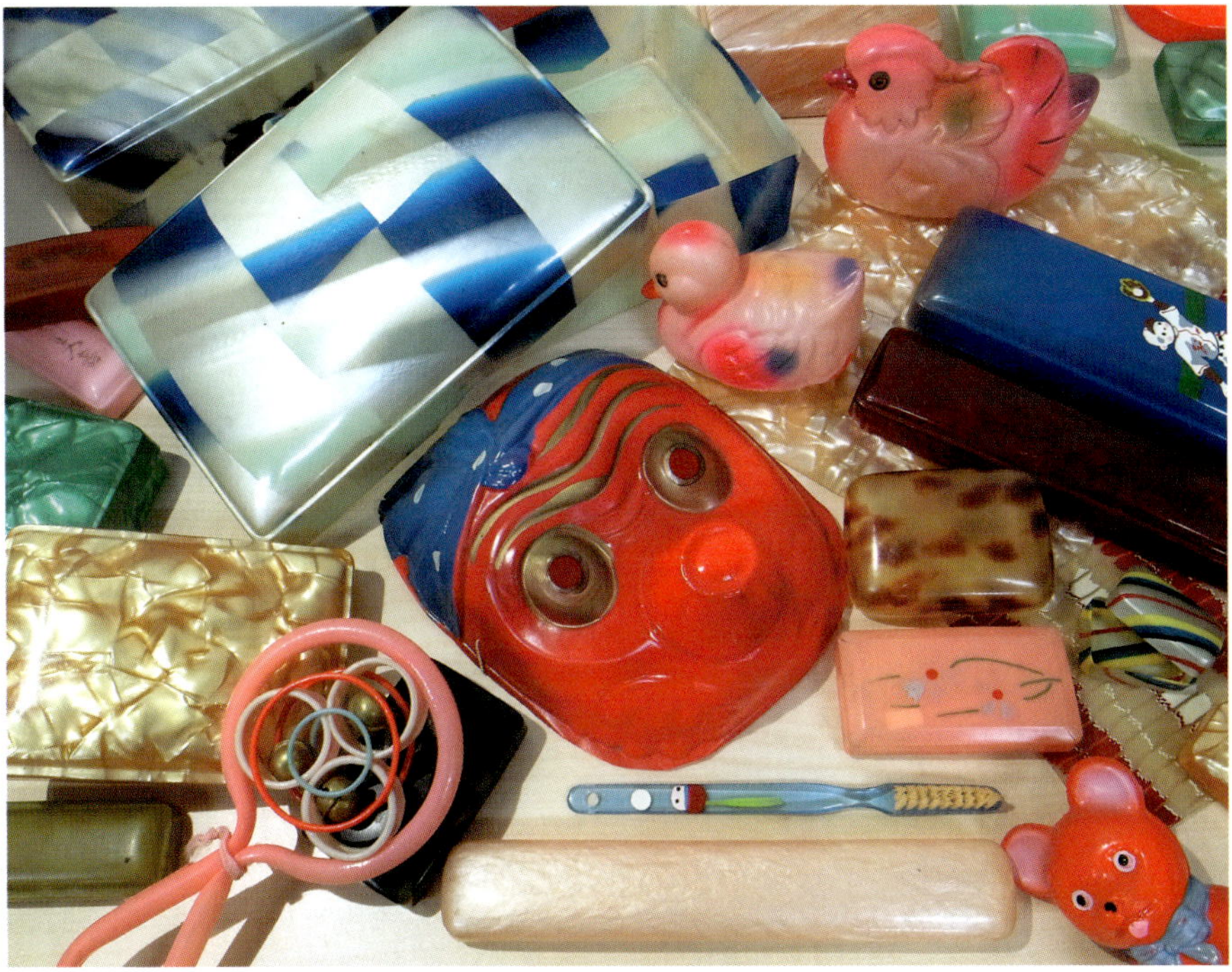

セルロイド製品。ガラガラ、お面、鳥や熊などのおもちゃ、筆箱、石鹸箱、歯ブラシ、裁縫箱などさまざまな日用品がセルロイドを素材としていた。昭和 30 年代。

ていた。

セルロイド製品を手にして思うのは、その材質の〝はかなさ〟である。発火性の高さからセルロイド工場や倉庫などで火災が多発し、生産量が激減したという歴史に加え、その弱さやもろさが当時のおもちゃや文具などから伝わってくる。

セルロイドのお面。
昭和 20 年代。

セルロイドの玩具。女の子が乗った浮き輪を押す少年。昭和 30 年代。

［上］モノポリーの版権を取得し、1965年（昭和40）に日本で初めて発売したのは、はなやま玩具（現・ハナヤマ）であった。写真のモノポリーは1973～1984年（昭和48～昭和59）まで版権を持っていたエポック社製のもの。
［下］アメリカのミルトン・ブラッドレー社の創業100周年を記念して開発された「THE GAME OF LIFE」。日本ではタカラが1968年（昭和43）に「タカラ・アメリカンゲームシリーズ」の一つとして発売した。写真の人生ゲームは1973年（昭和48）のもの。

11 ボードゲーム

円形盤面の携帯用ボードケームでひとり遊び。1965年（昭和40）。

ボードゲームの盤上《ばんじょう》の異世界で遊ぶ際に、自分の分身となって活躍するのがゲームのコマである。現在では「アバター」、「トークン」と呼ばれることもあるようだ。

コマだけを並べてみると、ごくシンプルなものからゲームの内容にあった個性的なものまで、その色や形は実に多彩だ。人生ゲームやモノポリーなど、コマを見るだけでそのゲームを思い出すことができるというものも多いのではないだろうか。

子どもの頃、友だちの家ではじめてモノポリーを体験したとき、盤面のデザインやイベントの内容だけでなく、帽子、靴、アイロン、指貫《ゆびぬき》などのあの独特の金属製のコマに漠然とアメリカ文化というものを感じたのを覚えている。

このモノポリーに独特な金属製のコマは、20世紀初頭にアメリカで発売された当初はコマが定められておらず、店で売られていた金属製のチャーム（お守）をコマとして使っていたことに由来する。

このコマも時代を反映して、時とともに追加や入れ替えが行われ、レースカー、馬、犬などが加わったが、近年の追加入れ替えの投票の結果、思い出深い指貫やアイロンのコマが外れてしまったようだ。

「消える魔球」を多投しすぎてケンカになることもあった。
「オールスター野球盤 BM 型 魔球装置付き」
（1972 年［昭和 47］）

コラム

野球盤年代記

子どもの頃、夢中になって遊んだボードゲームは何だっただろうか。王や長嶋が活躍した頃、プロ野球選手を夢見た野球少年が夢中になったのは、やはりエポック社の「野球《やきゅう》盤《ばん》」だろう。

野球盤はエポック社の設立とともに1958年（昭和33）に登場した。初代の野球盤は木製で盤面は家具職人が手がけ、選手の人形はこけしであった。翌年に発売された「野球盤A－2型」では、初めてカーブとシュートの変化球《へんかきゅう》機能が付加され、これ以降、野球盤は年々進化を遂げていく。

1960年（昭和35）には盤面の形状が丸みを帯びたものに変更され、また同年「野球盤F型」は玩具業界で初めてテレビ宣伝を行い、人気に拍車《はくしゃ》をかけることと

通称「オールスター野球盤」。セ・パ両リーグの人気選手を思わせる躍動感のある選手イラストが描かれている。
「野球盤 B 型」（1967 年［昭和 42］）

なった。1967年（昭和42）には「オールスター野球盤」とも呼ばれる「野球盤B型」を発売。当時の人気プロ野球選手をイメージしたイラストがパッケージや盤面に描かれた。

1970年（昭和45）には、はじめてのプラスチック製となる「デラックス野球盤」が登場する。盤の枠、玉受《たまうけ》などが木製からプラスチック製に変わるとともに、バッティングの方式もレバーを引いて離すことにより、打つことができる仕組みとなった。

そして、1972年（昭和47）には「オールスター野球盤BM型　魔球装置付き」が発売され、以後、野球盤の代名詞として定着する〝消える魔球〟装置がはじめて搭載《とうさい》された。

その後も連続投球装置、スピードガン、盗塁機能など、さまざまな機能の進化を遂げるとともに、人工芝球場を再現するモデルやドーム球場を模したモデルなどが登場し、当時のスタジアムの雰囲気も忠実に再現された。

思い出のなかの野球盤はどんなタイプだっただろうか。

外枠をスタンド形としたことで実際の球場の雰囲気に近づいた。「デラックス野球盤」（1970年［昭和45］）

内野・外野の緑色の部分が人工芝風になっている。「野球盤AM型 人工芝球場」（1978年［昭和53］）

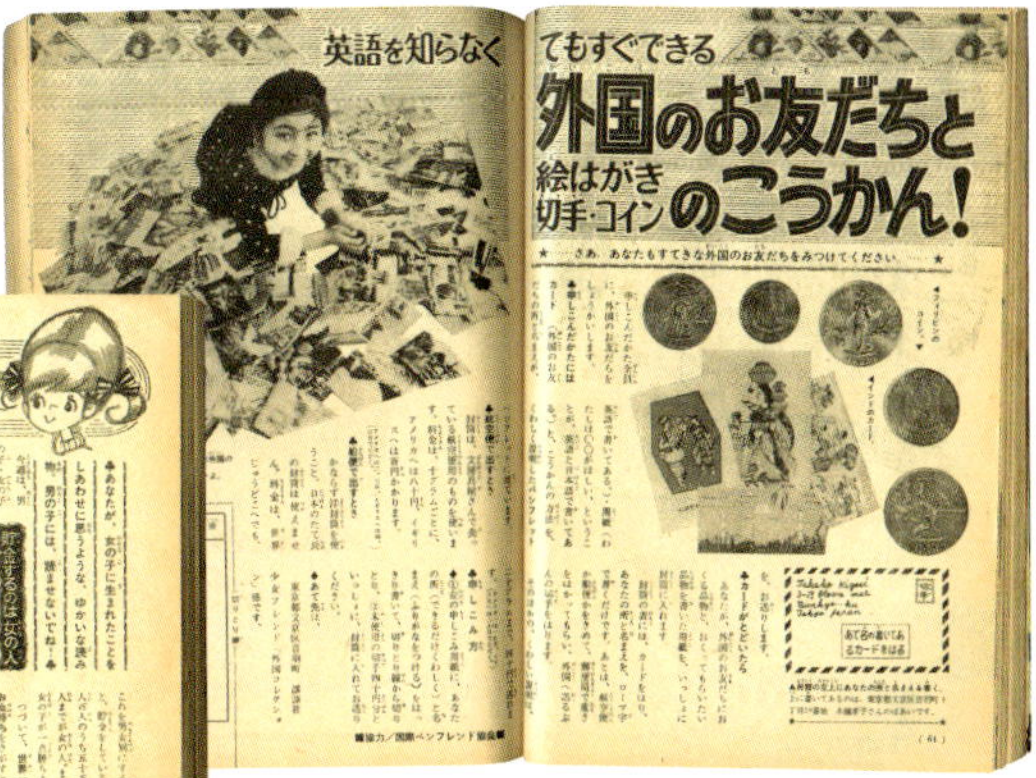

『少女フレンド』（2月16号 1965年［昭和40］講談社）。「女の子はそんか」、「外国のお友だちと絵はがき、切手、コインのこうかん！」などの特集。

『なかよし』（5月号 1963年［昭和38］講談社）

⑫ 少女雑誌

子どもの頃、『少女』、『なかよし』、『少女フレンド』といった少女雑誌が近くにあっても、手を出して読むのはなかなか気恥ずかしく、手にとることなく少年時代がすぎていった。

いとこの女の子たちが、遊んでいるのを見ると、いつもかわいらしい雑誌付録の紙やビニールで作られた人形やカバンがままごと遊びのかたわらにあったのを覚えている。

こうした雑誌の特徴は、付録の豊富さである。本誌もマンガを中心に楽しく購読するものであったが、毎週、あるいは毎月の付録が待ち遠しかったようである。

「ノート・ジャケット」
（『少女クラブ』4月号付録 1960年［昭和35］講談社）

「チューリップノート」
（『なかよし』3月号付録 1960年［昭和35］講談社）

コラム

内藤ルネ

内藤《ないとう》ルネは、愛知県岡崎市出身のアーティストで、日本の「かわいい」の原型を確立した。

中原淳一《なかはらじゅんいち》にその才能を見出され、1952年（昭和27）に上京し、ひまわり社で編集を手伝うようになった。1955年（昭和30）頃から、ひまわり社の人気雑誌『それいゆ』、『ジュニアそれいゆ』でイラスト・カットを描きはじめ、1959年（昭和34）からは病に倒れた中原淳一に代わって、ルネが『ジュニアそれいゆ』の表紙を描くようになった。

ルネが描く少女はデビュー当時からその独特なスタイルのため大変な注目を浴びた。ルネは明るく元気な少女を鮮やかな色づかい、大胆なデフォルメで描き、まったく新しい少女画のスタイルを生み出したのだった。

また、ルネはイラストレーターとしてのデビュー後から、少女雑誌の付録も手がけるようになった。ルネの付録は当時の少女たちの心をとらえ、大変な人気となり、ルネの付録がつく際には付録予告ページで「内藤ルネ先生の」という文字を大きく入れて別格の扱いをされることも多かった。

さらに、ルネの活躍は画業にとどまらず、ファッション、インテリア、人形制作、手芸、グッズデザインなど、多方面にわたり、たくさんの流行も創り出した。

ルネは『ジュニアそれいゆ』や1965年（昭和40年）頃からは『服装』などの雑誌でファッションやインテリアなどについてのコーナーも担当し、そのなかからたくさんの流行が生み出された。ファッションでは、「麦わらカンカン帽」や「大きなボタン」、インテリアでは「白い部屋・白い家具」や「西洋アンティークドール」などがルネを発信源に大流行した。

また、昭和40年代から50年代にかけては、マスコット人形、食器、インテリア雑貨、文房具などのグッズデザインにも活躍し、多くの人気商品を生み出した。

なかでも、1971年（昭和46）に

表紙の人形制作をルネが手がけたが、人形とマンガの内容とはまったく無関係だった。［上］「少女三人」（『少女』2月号付録 1959年［昭和34］光文社）、［下］「少女三人」（『少女』6月号付録 1959年［昭和34］光文社）

「クリスマス・びんせん」（『りぼん』付録 昭和30年代 集英社）

「デラックス特集 秋のシール」
（雑誌付録 昭和30～40年代）

「秋のフレンドうつし絵」（雑誌付録 昭和30～40年代）

発売したパンダグッズは、翌年のパンダ来日によるパンダブームに乗って大流行した。インテリア雑貨では、デフォルメされた花やフルーツをデザインしたステンシールが大ヒットし、多くの家のガラス、冷蔵庫、家具などを飾ることとなった。

今や世界に広がった日本の「かわいい」を確立し、長年にわたって多方面から牽引《けんいん》した稀代《きだい》のマルチアーティスト、それが内藤ルネであった。

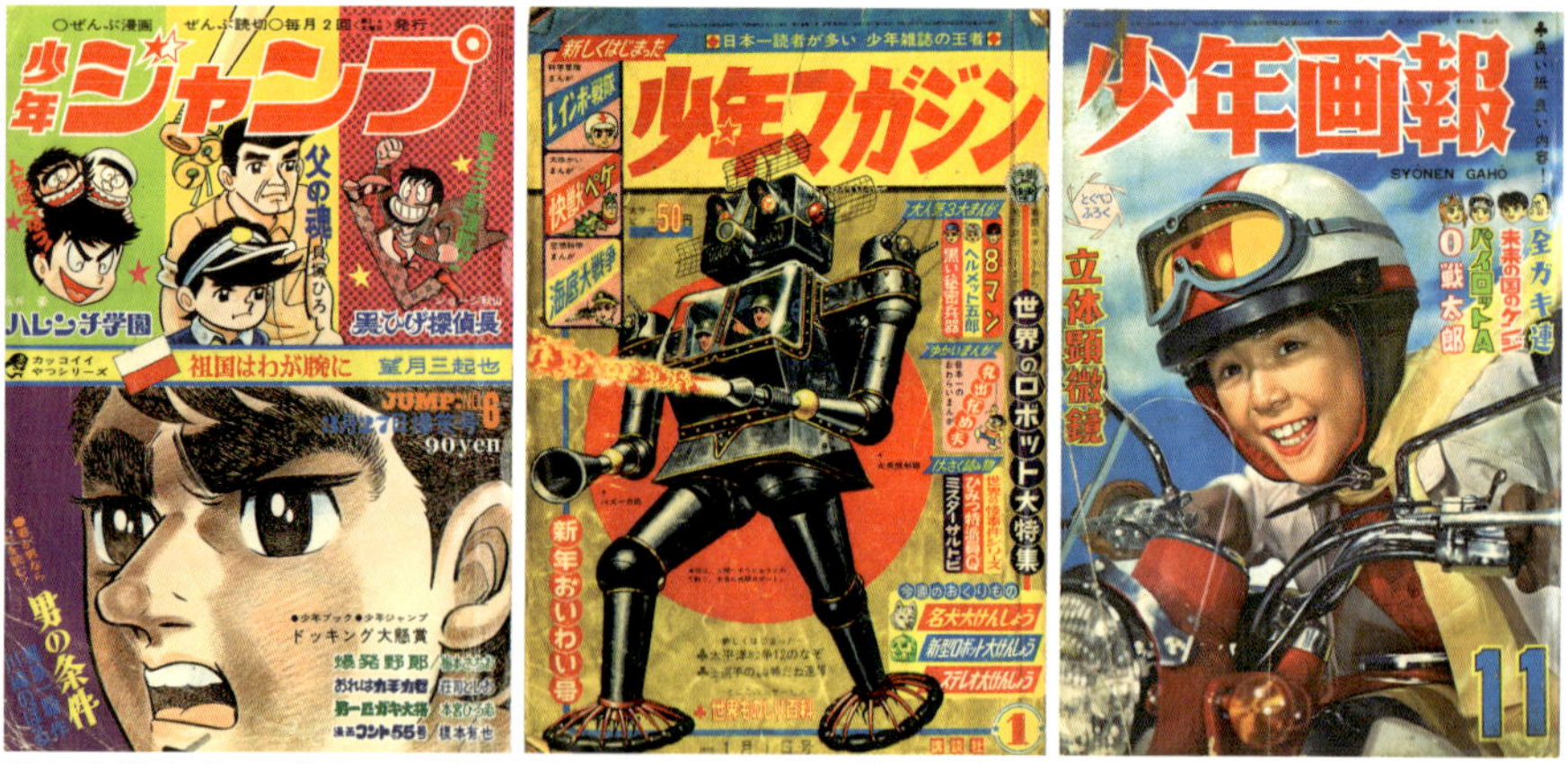

［左から］『少年ジャンプ』（1969年［昭和44］3月27日号 集英社）、『少年マガジン』（1965年［昭和40］1月1日号 講談社）、『少年画報』（1962年［昭和37］11月1日号 少年画報社）

『冒険王』（1958年［昭和33］8月号 秋田書店）9月号の連載漫画と付録案内。

応接間の椅子で友だちと読書。1960年（昭和35）。

⓭ 少年雑誌

少年雑誌はなかなか買ってもらえるものではなく、友だちが持っていた雑誌を読ませてもらうことのほうが多かった。月に1回程度、理髪店《りはつてん》の待ち合い席におかれている少年マンガや雑誌を読むのが楽しみだった。

月刊誌には、付録漫画が別冊の付録になっているものもあり、1冊1冊のボリュームとしては少なくても、楽しみのひとつであった。

掲載されているマンガは、未来を描いたもの、推理ものというよりは探偵もの、スポーツであっても柔道や野球がテーマになっているものなど、テーマにも時代が現れている。当時の雑誌の表紙を見るだけでも、子どもたちの楽しみやあこがれや夢をうかがい知ることができる。

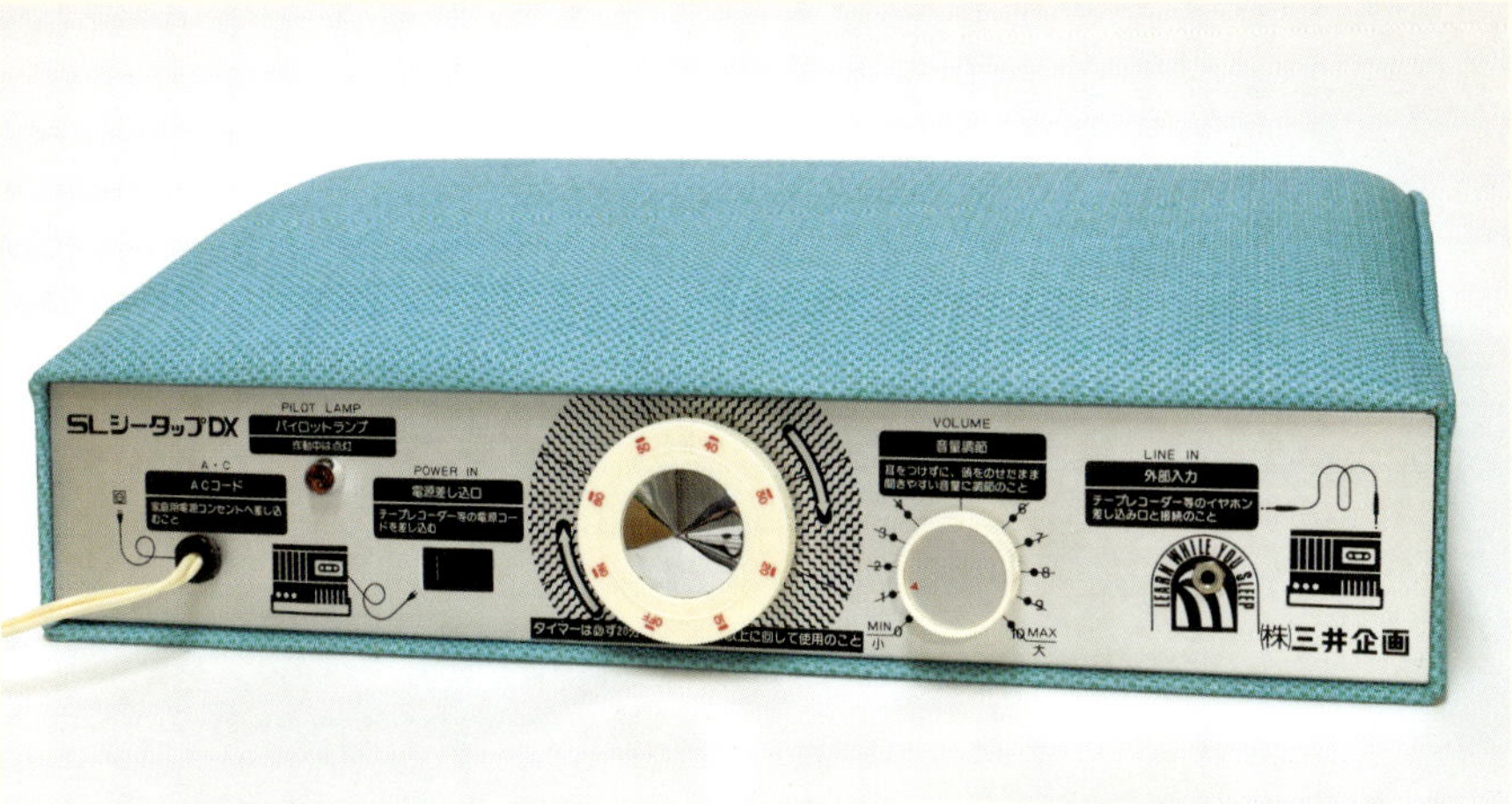

睡眠学習機。「寝ている間に学習ができる」という、中学生にとっては魅力的に感じる商品だった。

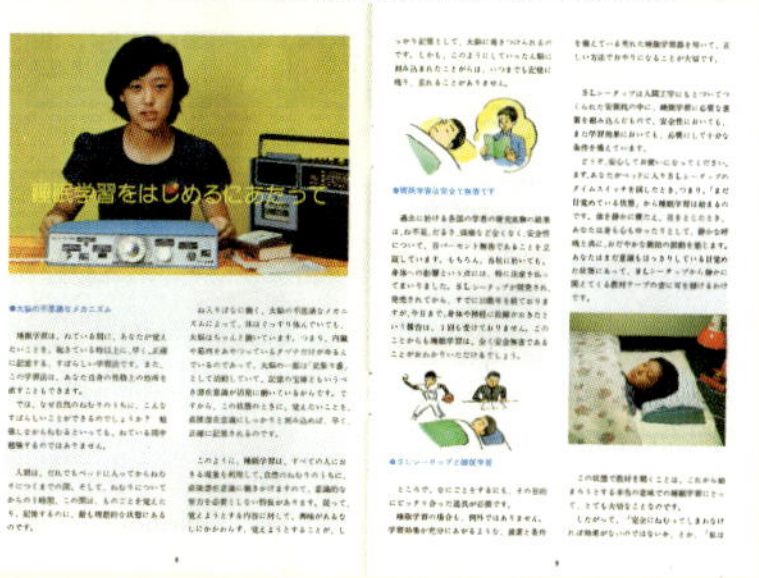

睡眠学習機の取扱説明書。

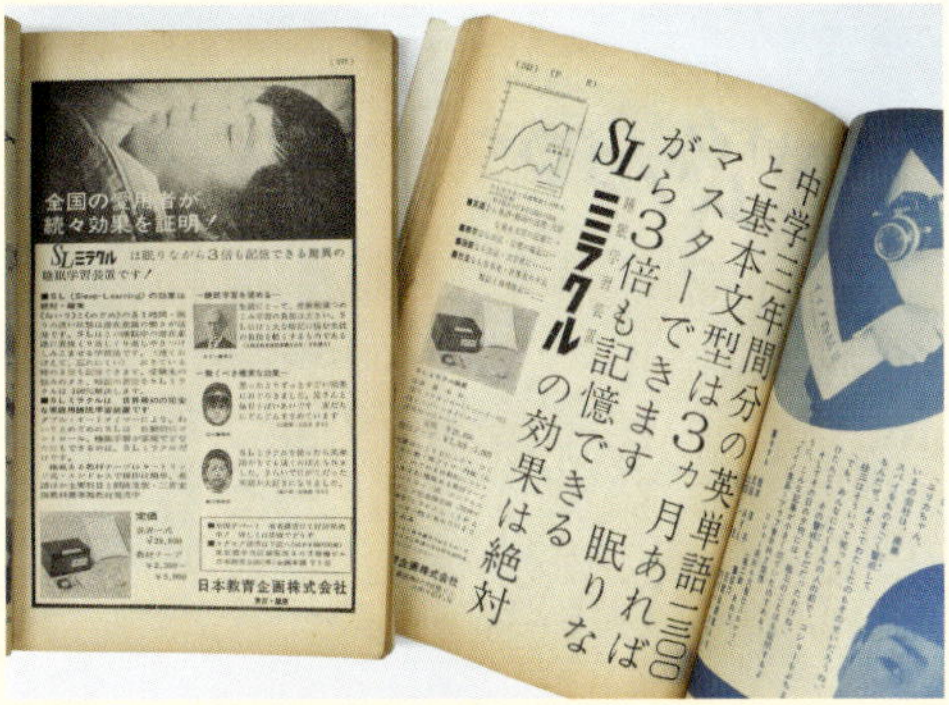

『中学一年コース』（左、1967年［昭和42］6月号 学習研究社）と『中一時代』（右、1964年［昭和39］5月号 旺文社）に掲載された睡眠学習の広告。

コラム

睡眠学習機

「寝ている間に学習ができる」というふれこみの睡眠学習機が、中学生向けの雑誌によく掲載されていた。

中学生だった私にとっては、寝ている間に世界の国々の名前や人の名前、英語の単語などが覚えられるというのは魅力的なものであった。

雑誌には睡眠学習機のほか、背が10センチ伸びる器具、ボディービルダーのように筋肉をつけることができる器具など、子どもたちのあこがれや願いをかなえてくれるような道具の広告が通信販売として掲載されていた。しかし、簡単に買ってもらえるような金額ではなかったうえに、まして自分のこづかいでは買うことができなかったため、実物を手にし、目にしたことはなかった。

14 大人への階段

子どもにとって数歳上の兄姉の存在は大きなものである。自分より大人びた感覚と、身のまわりには大人への入り口を感じられるようなものを持っていた。

そのなかでも読み物としては、『中学時代』や『中学コース』といった雑誌など、小学生にとっては学習雑誌といえども、自分自身と比べてずいぶん大人びた感覚を感じたものである。同じように、中学生にとっては、高校生が読む雑誌は自分とは世代の異なる、より大人びたものでもあった。

そういった雑誌はきょうだいで一緒に見る機会もあったであろうが、とくに、悩みや恋愛に関する記事や特集冊子は、兄姉がいないときにこっそりと覗き見るようなものでもあった。

サングラスをかけて車の横で。1967年（昭和42）。

『中学一年コース』（9月号 1967［昭和42］学習研究社）の表紙と、『中学一年コース』（12月号 1967年［昭和42］）、『中学時代一年生』（新年特大号 1963年［昭和38］旺文社）に掲載された「悩み相談」のページ。

また、思春期《ししゅんき》を迎える頃、恋とか恋愛とか異性への関心が高まってくる。中学生向けに発刊される雑誌などには、性の目覚めや恋愛への興味について書かれた小説やノンフィクションが掲載されている。また喫茶店に置いてあったり、親が持っていたりする一般向けの雑誌、たとえば『プレイボーイ』や『平凡パンチ』などを覗き見る機会もあった。

こうした性の目覚めや異性への興味は、悩みごととして少年少女たちの目の前に現れてくる。中学生向けの雑誌などには、こうした悩みに答える相談室が設けられていたりする。読者からの悩み相談に対して回答を掲載するスタイルである。今読み直してみると何でもないような内容ではあるが、当時の少年少女にとっては先が見えなくなるような大きな悩みごとであった。

[左]『平凡パンチ』(表紙絵/大橋歩 1964年[昭和39]5月11日号 マガジンハウス)
[右]『プレイボーイ』(1966年[昭和41]11月15日号 集英社)

悩み相談あれこれ

——**鼻血がでる：**ぼくはこのごろときどき鼻血がでてこまります。とくに朝が多く夕がたはあまりでません。鼻血はではじめから十分ぐらいでとまります。のぼせたのだろうと両親はいいますが、ぼくは心配でたまりません。ほうっておいてもだいじょうぶでしょうか。

——**答え：**鼻の内部は細かい血管がひじょうにおおいところで、ちょっとしたショックをうけても、出血しやすいものです。中年すぎの人だと、高血圧とか、鼻の中にできたガンだとか気をつけないと、おそろしい病気になることがありますが、こどもや青年など、とくに思春期(中学生など)にはでやすいものです。(『中学時代一年生』1963年[昭和38]1月1日 旺文社)

——**手紙を両親が開封する：**私の両親は、私に来た手紙をさきに開封して読んでしまいます。べつに悪いことが書いてあるのではないのなら、さきに読んでもいいじゃないかといいます。でも、私にしてみれば、異性のペンフレンドから来る手紙などは、自分がさきにあけないとがまんできません。ご指導ください。

——**答え：**親の心配を解消させるのが先決。(『中学一年コース』1967年[昭和42]12月1日 学習研究社)

中高生向けの雑誌には、他にも「便秘してこまる」、「歯がういてこまる」、「医者になりたい」、「親のいない就職」、「クラスの男女仲が悪い」、「授業がおもしろくないA先生」、「親切でまじめなのに人気がない」、「足が太いのでゆううつ……」など、身体のこと、心のこと、社会的なことなど、誰でも身につまされる悩みごとが多岐にわたって列挙されていた。

『うたの花かご』
（『りぼん』正月号付録
1958年［昭和33］集英社）

『ヒットソングアルバム』
（『少女ブック』9月号付録 1962年
［昭和37］集英社）

⑮ 歌謡集——最新の流行歌を知りたい！

『平凡《へいぼん》』や『明星《みょうじょう》』の付録となっていたのが、流行歌の歌詞を掲載したヒットパレードや新曲ハイライトといった小型版の歌謡集である。なかには、3センチほどの厚みのあるものもあった。

小学生の読み物の付録ではなかったが、親もしくは年上のきょうだいが手にしていたことから、最新の流行歌を知ることができた。

テレビ番組でも、歌番組「ロッテ 歌のアルバム」（1958年［昭和33］〜）、「ザ・ヒットパレード」（1959年［昭和34］〜）、「夜のヒットスタジオ」（1968年［昭和43］〜）、「NTV紅白歌のベストテン」（1969年［昭和44］〜）や年末の「NHK紅白歌合戦」（1951年［昭和26］〜）、「輝く！日本レコード大賞」（1959年［昭和34］〜）などが人気を博した。

『春のゴールデン・コンビ 橋幸夫 吉永小百合全曲集』（『明星』4 月号付録 1963 年［昭和 38］集英社）

『海へ山へ！ 歌うシャーベットホリデー』（『明星』8 月号付録 1962 年［昭和 37］集英社）

ヒットソング——付録目当てに雑誌購入

思い出に残る歌謡曲。人それぞれに思い出深い 1 曲がある。昭和 30 年代、テレビ、ラジオでさまざまな歌謡番組が組まれ、人気を博していた。私たちは、ドーナツ盤のレコードを買うことでヒットソングを手に入れ、レコードプレーヤーで何度も聞いた。

写真の冊子は、雑誌『明星』、『りぼん』、『少女ブック』など雑誌の付録で、いずれも昭和 30 年代のものだ。

1962 年（昭和 37）9 月発行の『少女ブック』の付録『ヒットソングアルバム』の表紙を飾っているのは、スリー・ファンキーズ。高橋元太郎《たかはしげんたろう》、長《なが》沢純《さわじゅん》、高倉一志《たかくらひとし》の 3 人である。なかには、弘田《ひろた》三枝子《みえこ》、ザ・ピーナッツ、北原謙二《きたはらけんじ》、中尾《なかお》ミエ、松島《まつしま》トモ子、吉永小百合《よしながさゆり》、美空《みそら》ひばりなどが名を連ねている。

『春のゴールデン・コンビ 橋幸夫《はしゆきお》 吉永小百合全曲集』は 1963 年（昭和 38）発行の『明星』4 月号の付録。「星よりひそかに 雨よりやさしく」で始まる 2 人のデュエット曲「いつでも夢を」をはじめ、2 人のヒットソングが掲載されている。

橋幸夫が表紙に載っている『海へ山へ！ 歌うシャーベットホリデー』は、1962 年（昭和 37）発行の『明星』8 月号の付録。なかには、美空ひばりと小林旭《こばやしあきら》の婚約記念特集と題して、90 ページにわたり 2 人の曲が収録されている。

こうしたヒットソングを収録した付録は、当時人気が高く、この付録がほしいがために雑誌を購入していたという話もよくうかがう。

16 ソノシート

カルピス オリンピックハイライトソノシート。

昭和30年代前半頃、雑誌ブームと呼ばれた時代があり、週刊誌の発刊が相次いだ。『週刊現代』、『週刊文春』などが、1959年(昭和34)に創刊された。すでに発刊されていた『週刊朝日』や『サンデー毎日』などと合わせて、多くの雑誌が流通していた。おおむね週刊誌は30円で売られていた。

そうした週刊誌ブームのなか、奇想天外《きそうてんがい》な雑誌が発刊された。それが、写真左の『朝日ソノラマ』である。1959年(昭和34)12月に創刊されたこの雑誌は、ほぼ正方形で、表紙に33回転と表記してある。雑誌の名前が示しているとおり、なかにはソノシートが綴《と》じ込まれている。

雑誌創刊の言葉として、「雑誌がまわる。くるくる回る。くるくる回って、あなたにささやきかける。月ロケットが月にたどりついた。いま―この時点に立って、新しい雑誌を世に贈る。(中略)今度は雑誌から音が出る。パリのムードを身につけたこの雑誌を若い世代にささげたい」とある。

四角い雑誌を広げると、ソノシートが現れ、雑誌ごとプレーヤーにかけてしまう。すると、雑誌の内容に整合した内容の音楽や、ルポルタージュなどがスピーカーから流れ出るという仕組みである。プレーヤーのターンテーブルの上で四角い雑誌が回っているのは不思議で、目が回りそうだが、当時はかなりの注目を浴びたようである。

最近の雑誌には、パソコン用のCDが付録としてついていることがあるが、昭和30年代、すでに音源はつけられていた。

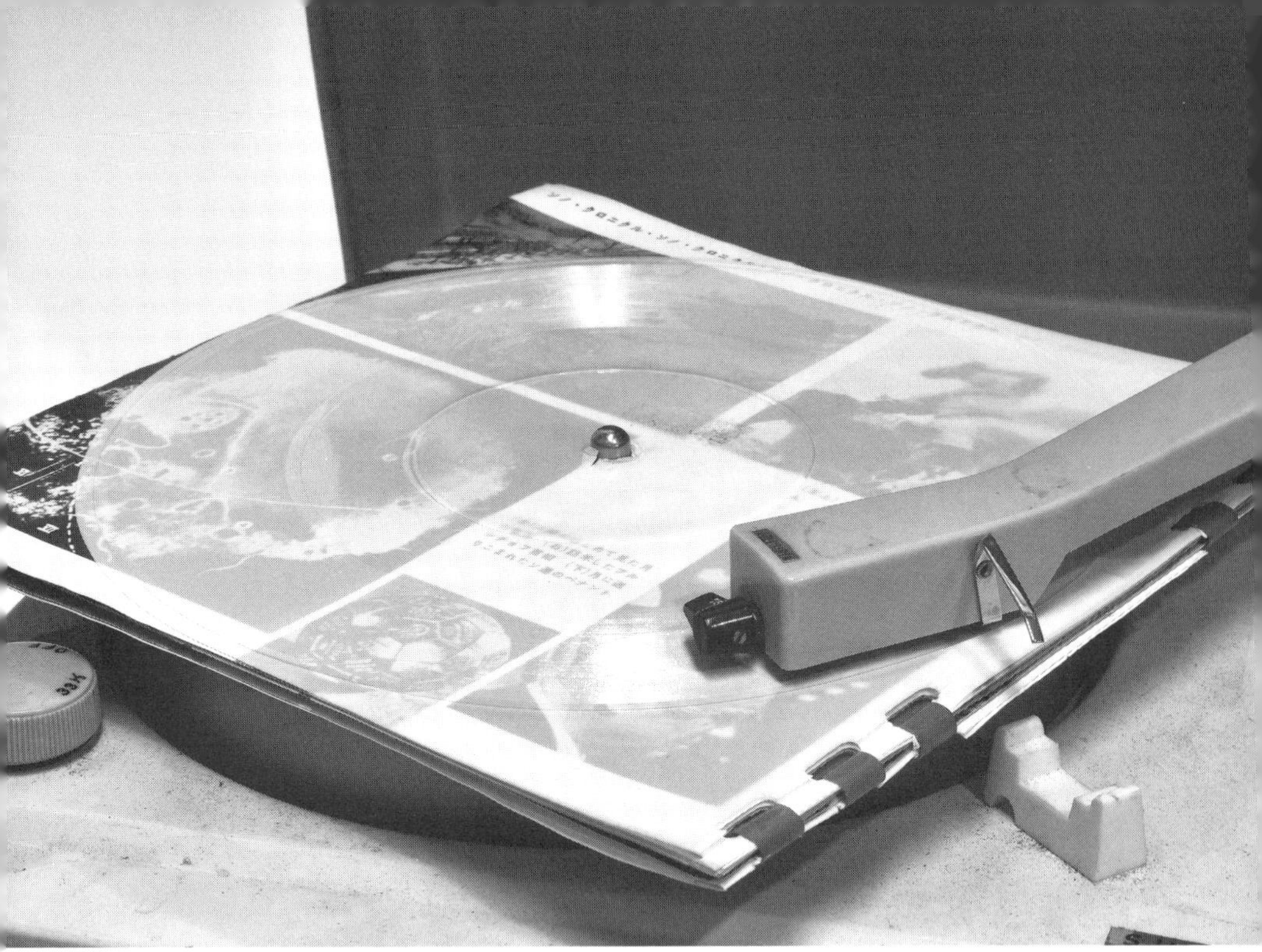

『朝日ソノラマ』をプレーヤーにかける。四角い雑誌ごとクルクル回る。

『朝日ソノラマ』創刊号表紙（1959年［昭和34］12月 朝日ソノラマ）

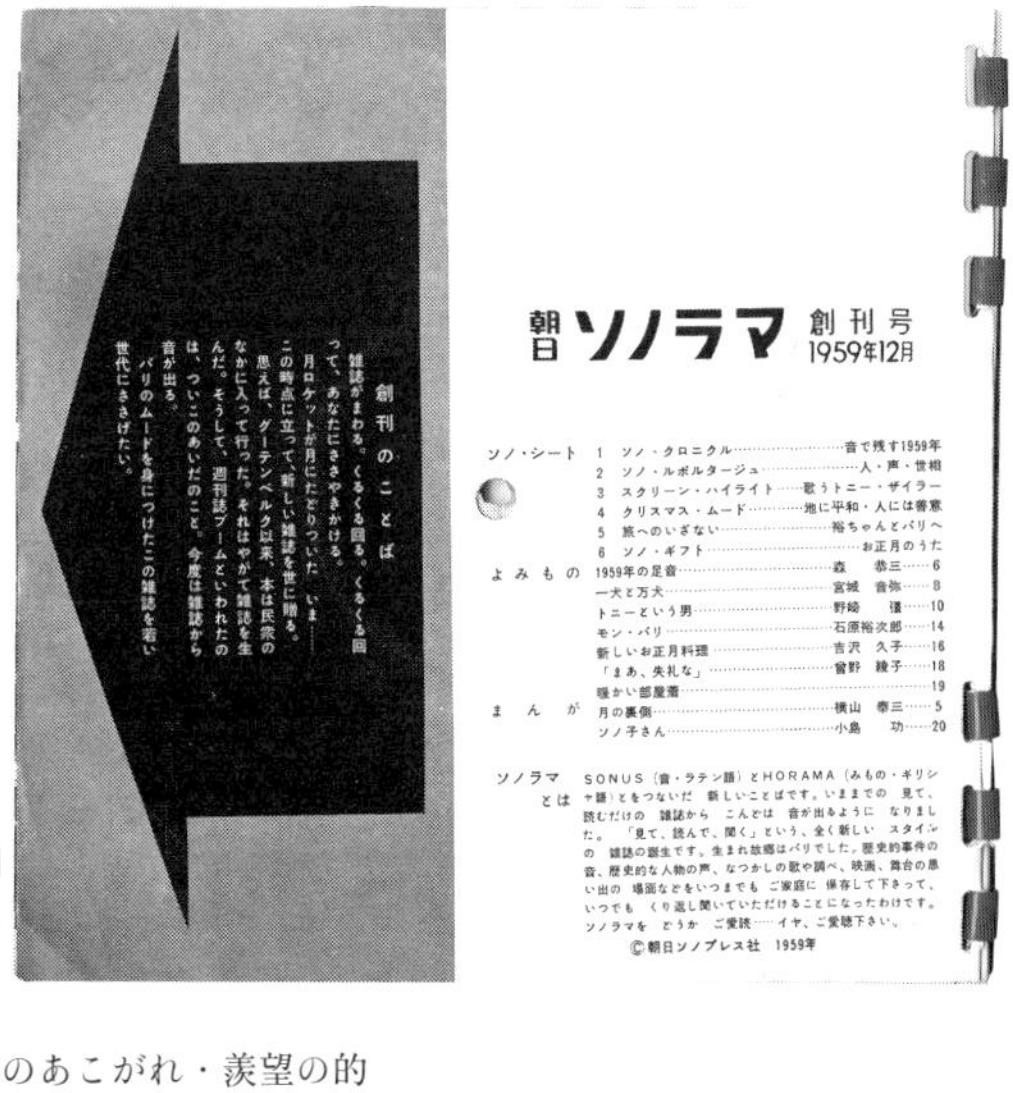

創刊のことば

雑誌がまわる。くるくる回る。くるくる回って、あなたにささやきかける。

月ロケットが月にたどりついた いま――

この時点に立って、新しい雑誌を世に贈る。

思えば、グーテンベルク以来、本は民衆のなかに入って行った。それはやがて雑誌を生んだ。そうして、週刊誌ブームといわれたのは、ついこのあいだのこと。今度は雑誌から音が出る。

パリのムードを身につけたこの雑誌を若い世代にささげたい。

朝日ソノラマ 創刊号 1959年12月

ソノ・シート
1 ソノ・クロニクル……音で残す1959年
2 ソノ・ルポルタージュ……人・声・世相
3 スクリーン・ハイライト……歌うトニー・ザイラー
4 クリスマス・ムード……地に平和・人には善意
5 旅へのいざない……裕ちゃんとパリへ
6 ソノ・ギフト……お正月のうた

よみもの
1959年の足音……森 恭三……6
一犬と万犬……宮城 音弥……8
トニーという男……野崎 讓……10
モン・パリ……石原裕次郎……14
新しいお正月料理……吉沢 久子……16
「まあ、失礼な」……曾野 綾子……18
暖かい部屋着……19

まんが
月の裏側……横山 泰三……5
ソノ子さん……小島 功……20

ソノラマとは
SONUS（音・ラテン語）とHORAMA（みもの・ギリシャ語）とをつないだ 新しいことばです。いままでの 見て、読むだけの 雑誌から こんどは 音が出るように なりました。 「見て、読んで、聞く」という、全く新しい スタイルの 雑誌の誕生です。生まれ故郷はパリでした。歴史的事件の音、歴史的な人物の声、なつかしの歌や調べ、映画、舞台の思い出の 場面などをいつまでも ご家庭に 保存して下さって、いつでも くり返し聞いていただけることになったわけです。ソノラマを どうか ご愛読……イヤ、ご愛聴下さい。

©朝日ソノプレス社 1959年

『朝日ソノラマ』創刊号 雑誌創刊の言葉（1959年［昭和34］12月 朝日ソノラマ）

「タイガース デラ プレゼント」と銘打ち、アルバムやレコード、ジャイアントポスターがもれなくプレゼントされた。（『ティーンルック』1968年［昭和43］5月14日号 主婦と生活社）

17 当たれ！懸賞

雑誌やマンガ本などには、必ずといっていいほど懸賞《けんしょう》の企画が掲載されていた。賞品はおもちゃ、文房具、カメラ、なかにはテレビや自転車まで、あこがれのものが雑誌を買うことによって手に入るチャンスが芽生《めば》える期待感があった。何度も懸賞に応募したのに、なにひとつ当たったことがなかったという方も多いだろう。

雑誌や漫画本を買って、まず懸賞の結果を発表したページを探してみる。住んでいる地域や学校名などとともに当選者の名前が掲載されているわけだが、そこに書かれている人数はわずかなものであって、自分が入り込めることはまずないような落胆《らくたん》を覚えることが常であった。

雑誌だけでなく、お菓子にも懸賞がついているものがあった。いくつか買うと応募できるタイプのもの、当たりくじが出てくるもの、

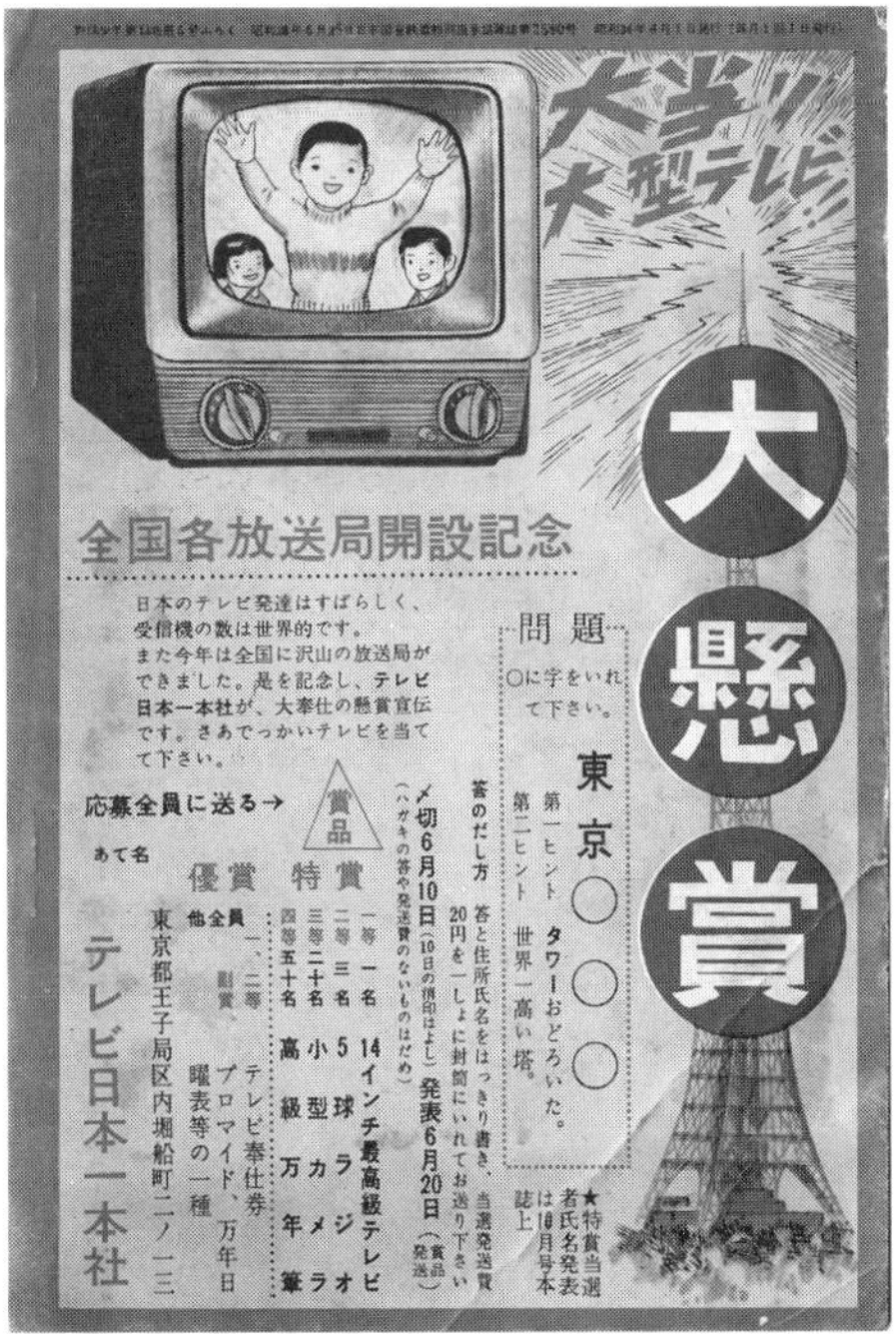

大型テレビが当たる大懸賞。『新横綱朝汐』（『野球少年』6月号付録 1959年［昭和34］芳文社）

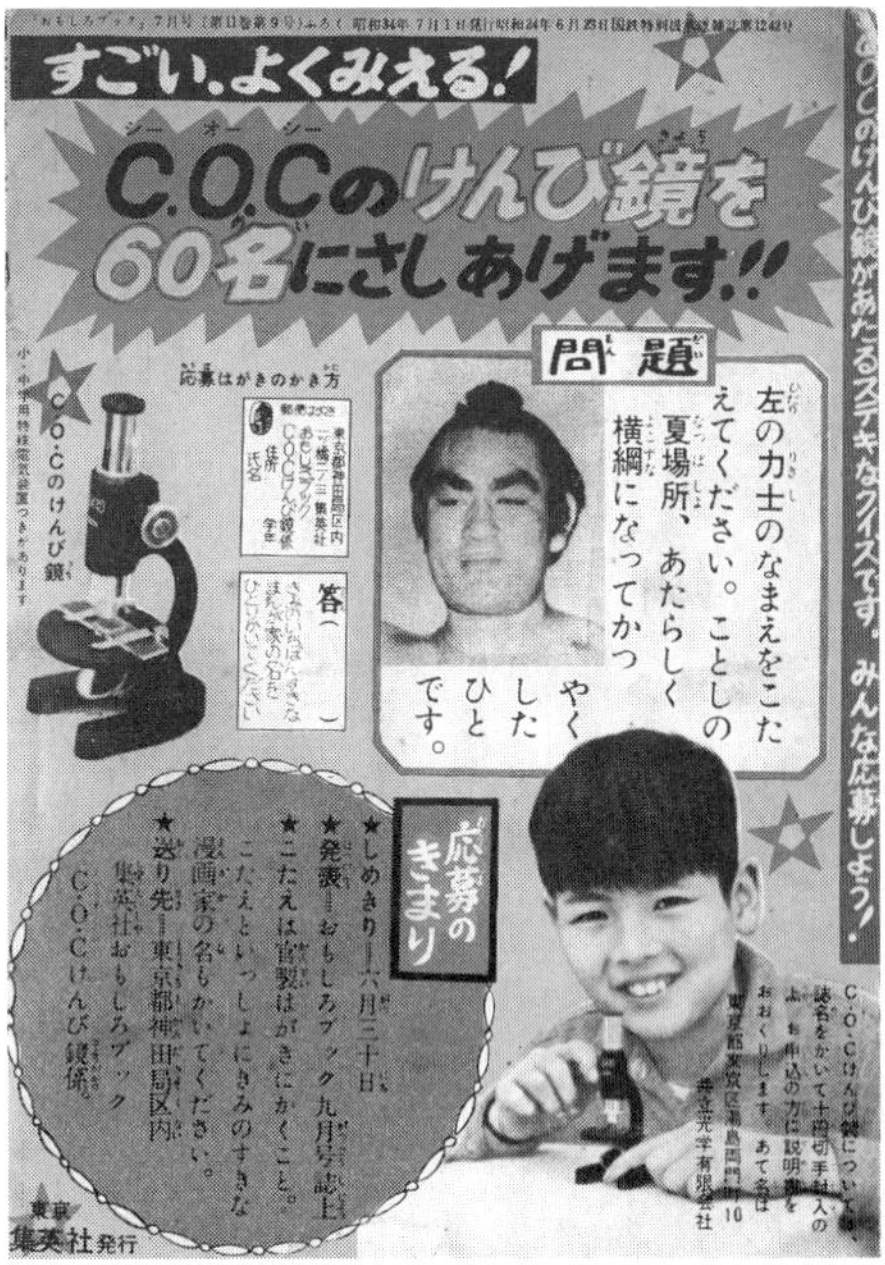

顕微鏡がもらえる。『ヒマラヤ天兵』（『おもしろブック』7月号付録 1959年［昭和34］集英社）

おまけのカードを組み合わせて図柄がそろうと手に入れることができるものなど、ほかの懸賞に比べて当たることが多く、子どもたちにとっては身近でうれしいものであった。

駄菓子屋のくじ

子どもの頃、駄菓子屋さんのくじものにワクワクした。5円や10円、景品によっては20円でくじを1枚引く。10円引きとか20円引きと呼ばれていた。

景品は、実物が貼り込まれたシートが壁にとめてあり、子どもにとってはあこがれの特等、1等をねらうのが当たり前であった。結果、スカ、はずれで、小さなガム1個が成果品であることが多かった。

どうやら当たりくじは店主にはあらかじめわかっているようで、それをどのタイミングで入れるかが店主の駆け引きでもあった。ときに、最後まで特等賞が残っていることもあった。

新幹線、航空機、自動車などのあこがれの乗り物は子どものおもちゃとしても人気が高かった。

18 あこがれの乗り物

旅はどこへ行くか、何を見るか、何を食べるか、だけでなく、どんな方法で行くか、という移動手段を考えるのも大きな楽しみのひとつだ。新幹線、寝台列車、航空機、大型客船など、あこがれの乗り物に乗ることが一番の目的で、行先や観光は二の次という旅もあるだろう。

昭和30年代までは、旅行の際の移動手段の主役は鉄道だったが、遠距離移動の手段として航空機の利用が徐々に広がっていき、またマイカーブームの到来により自家用車での旅も定着したことで、旅の移動手段を選ぶ楽しみも広がっていった。

さらに1964年（昭和39）には東京～新大阪を3時間で結ぶ計画の東海道《とうかいどう》新幹線《しんかんせん》が開業し、より速くて快適な移動手段を利用できる

夢の超特急

1964年（昭和39）10月1日、総工費3800億円と5年という歳月をかけて、東京～新大阪間を結ぶ東海道新幹線が開業した。時はまさに東京オリンピック開幕直前、当時の技術の粋《すい》を結集した新幹線は世界中に日本の高度成長を強くアピールするものとなった。

「時速200km」、「東京～大阪3時間」。新幹線の圧倒的速さを象徴するこうした言葉は、当時の人々に「夢の超特急」として新幹線を強烈に印象づけるものだった。

東海道新幹線の開業以前では、東京～大阪間の所要時間は在来線の特急「こだま」で6時間30分。新幹線はこれを半分以下に短縮するというまさに言葉通りの超特急であった。1964年（昭和39）の開業時は徐行区間などのため、東京～新大阪間を超特急「ひかり」が4時間、特急「こだま」が5時間で運行していたが、1年後には「ひかり」で3時間10分まで短縮された。

最高速度210kmを記録した初代新幹線車両である「0系」は、1999年（平成11）まで現役車両として活躍した。35年のあいだ、あこがれや思い出を乗せて走り続けた「0系」は、今なお、新幹線の象徴として多くの人の記憶にとどまっているだろう。

開業の翌年にあこがれの新幹線と記念撮影。1965年（昭和40）。

［上］新幹線計画の概要、工事の概況がまとめられている。「東京ー大阪3時間」日本国有鉄道。1962年（昭和37）。
［下］ゼンマイ仕掛けのひかり号が走るレール板には、東京タワー、鎌倉の大仏、名古屋城、大阪城などの東海道沿線の名所が描かれている。1965年（昭和40）頃。

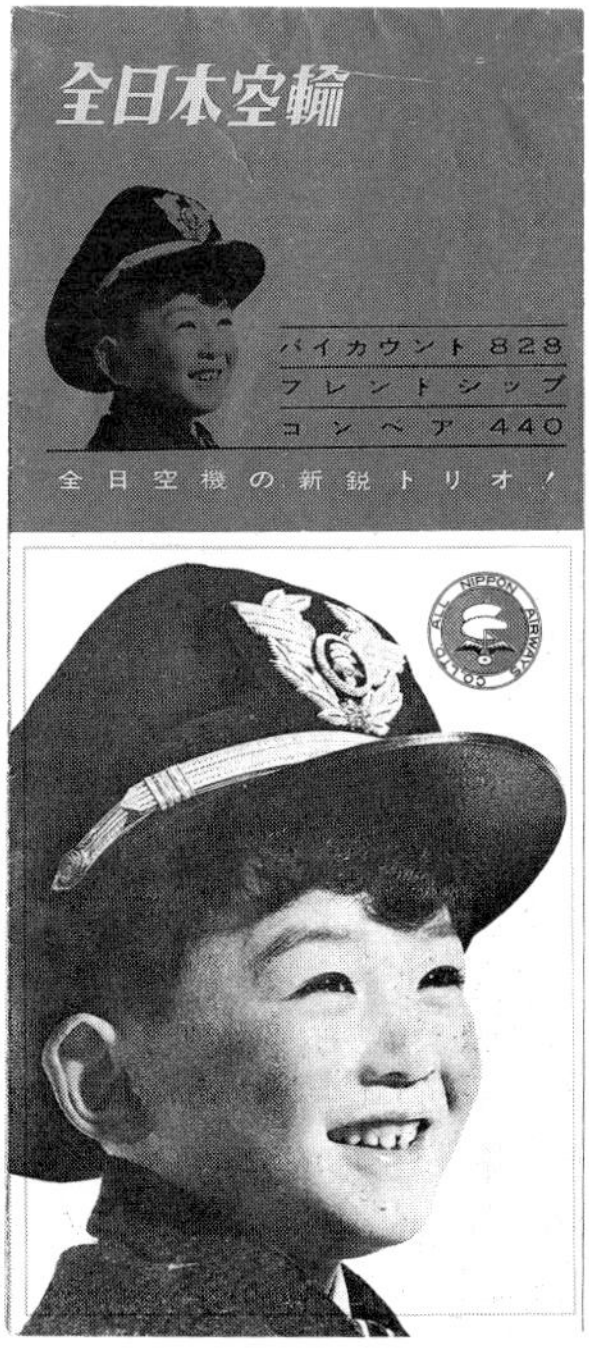

「"快適さ"が飛び立つ」として当時全日本空輸が採用していた機体の特徴や性能を紹介するパンフレット。新鋭トリオとして、バイカウント828、フレンドシップ、コンベア440の3機種が紹介されている。1963年（昭和38）。

ようになった。

夢の超特急「新幹線」、修学旅行専用列車、初めてのマイカー、新婚旅行で乗った航空機など、移動手段である乗り物が、旅の大切な思い出の一部となっている方も多いのではないだろうか。

メーカー名や商品名のロゴが入ったガラスケースや専用の展示台が、万年筆の特別感や高級感をより一層高めていた。

古い時代の文具は重厚でデザイン性が高い。側面に“MOON-BEAUTY”と刻まれたステープラー（ホチキス）。昭和初期。

19 あこがれの文房具屋さん

子どもの頃によく買い物をしたお店といえば、駄菓子屋さんに次いで文房具屋さんをあげることができるだろう。たいていは近所の商店街のなか、学校のそばなどに行きつけの文房具屋《ぶんぼうぐや》さんがあった。

文房具屋さんには、子どもにもなじみの深い鉛筆、消しゴム、ノートなどのほかにも、見慣れない事務用品や不思議な形の製図《せいず》道具などが並んでいることもあり、子どもの好奇心を大いにかきたてる空間だった。

こうした不思議なモノの代表に雲形定規《くもがたじょうぎ》や計算尺《けいさんじゃく》があげられるだろう。形状の面白さ、アナログでありながらどことなくメカニカルな雰囲気と謎に包まれた使用法とがあいまって、子どもの頃に強く心を引かれたことを思い出す。

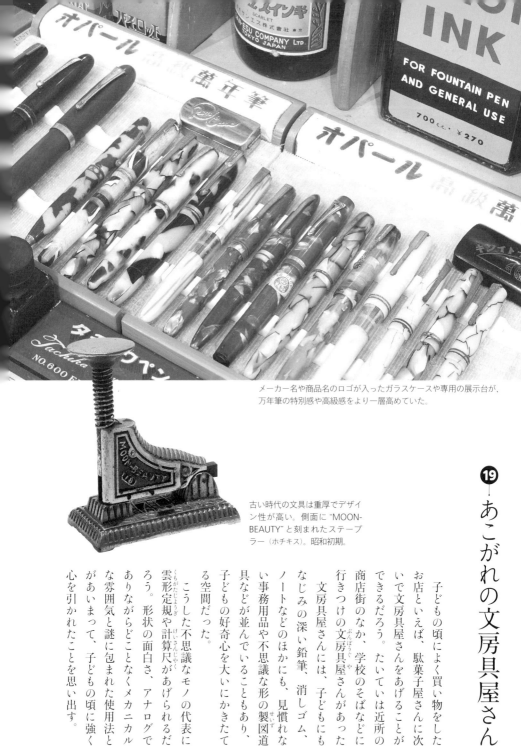

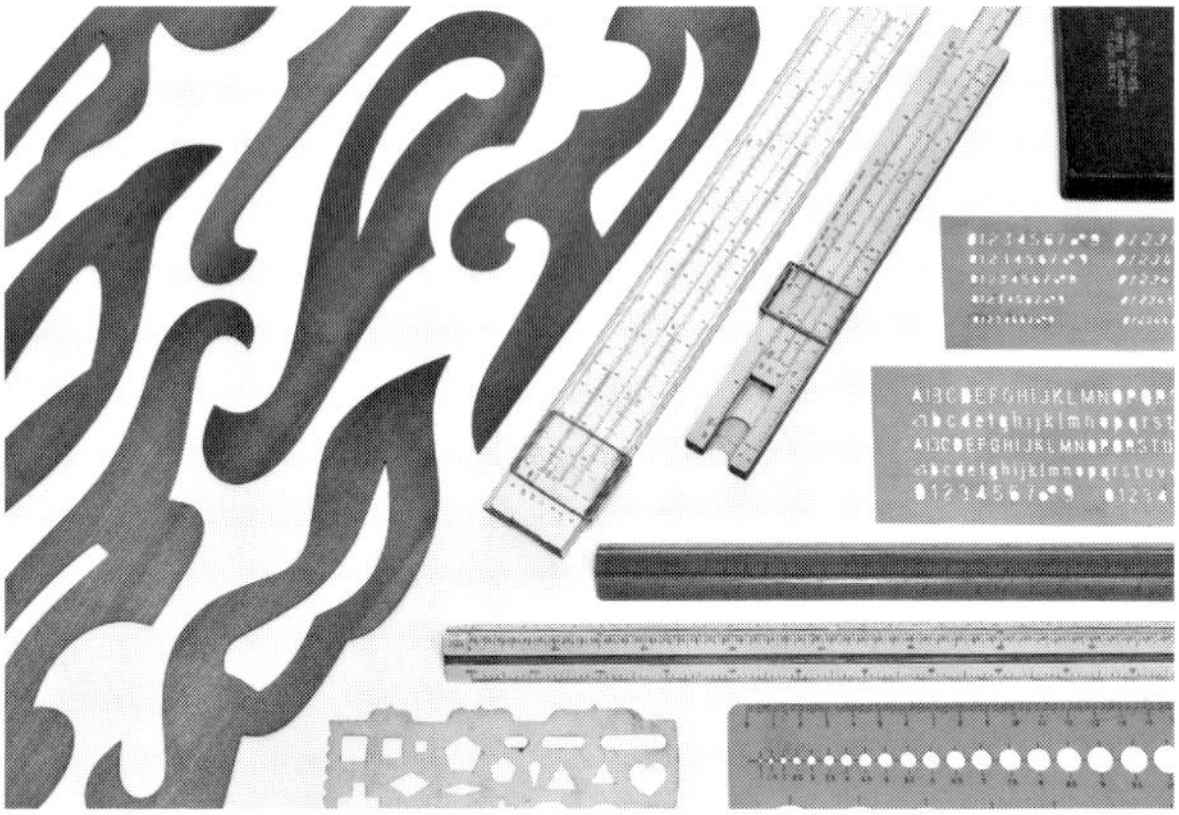

［上］商品陳列用のケースにも目を引くデザインや手をのばしたくなる工夫が凝らされていた。右奥は絵具のチューブ形の看板が載った陳列ケース。中央はばら売りのクレヨン用の陳列ケース。下部のレバーを引っ張ると１本ずつ取り出せる仕組みになっている。
［左］さまざまな曲線を描くための雲形定規、乗除算や三角関数などの計算が簡単に行える計算尺は、子どもにとっては謎に包まれた未知の道具だった。

また、子どもの日常生活ではなかなか出会うことができない特殊な道具類だけでなく、身のまわりにありながらもなかなか手にできず、好奇とあこがれのまなざしで眺めたものもあった。

それが、文房具店のガラスケースのなかで落ち着いた輝きを放っていた万年筆《まんねんひつ》たちだ。その高級感のある外観に加え、インクを使い、手入れも必要になるということが、鉛筆などにはない大人の筆記具としての魅力をより高めていた。

子どものあこがれの的であった万年筆は大人の世界を象徴するモノとして、進学や就職のお祝いの贈り物とすることも一般的だった。また、少年少女向け雑誌の進学・進級のお祝いの懸賞にも頻繁《ひんぱん》に登場していた。万年筆を使うことが大人への第一歩と考えられていたようだ。

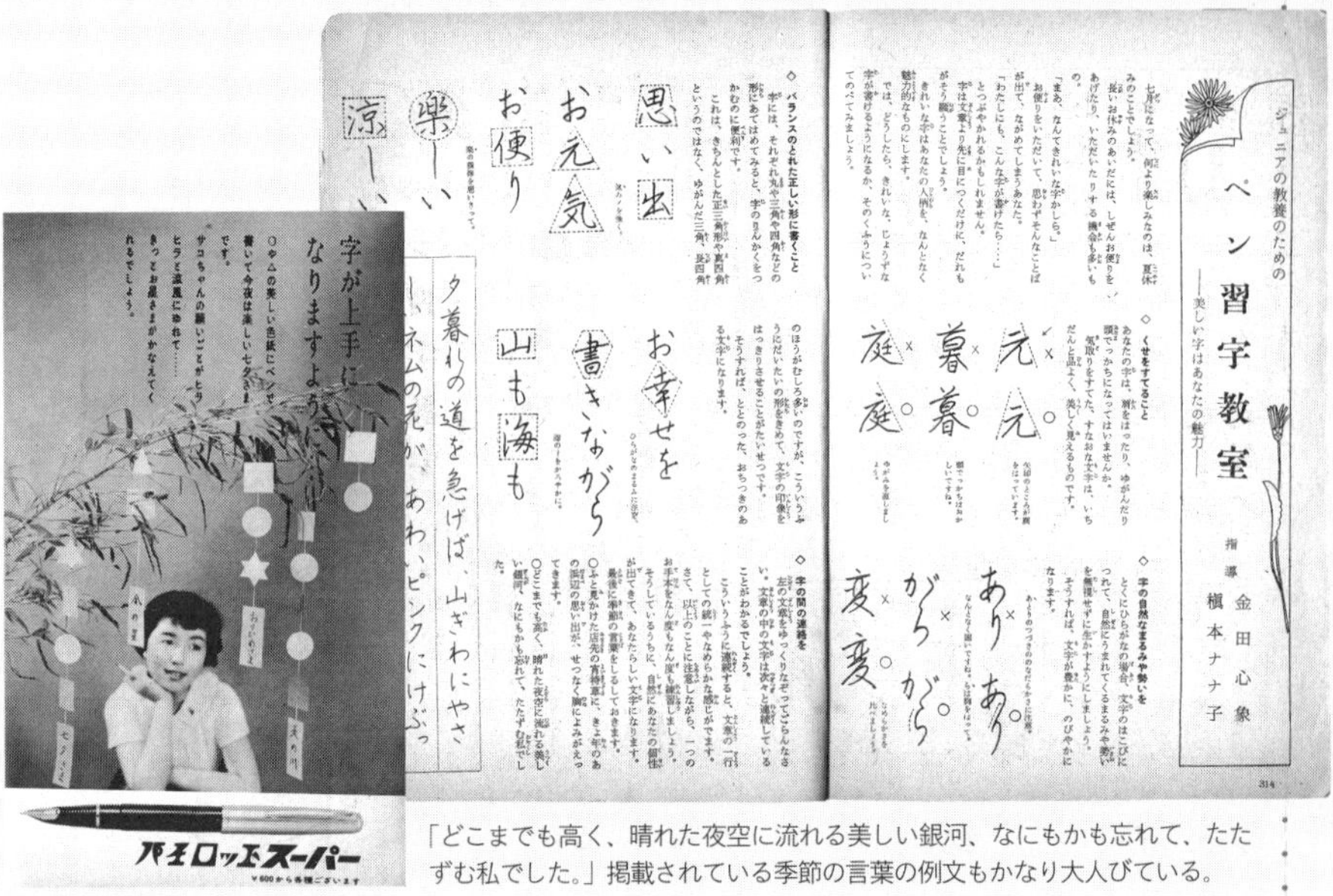

「どこまでも高く、晴れた夜空に流れる美しい銀河、なにもかも忘れて、たたずむ私でした。」掲載されている季節の言葉の例文もかなり大人びている。

『女学生の友』
7月号（1960年［昭和35］小学館）

コラム 少女雑誌と万年筆

昭和30年代後半から40年代はじめ頃の女子中高生向けの雑誌を開いてみると、たびたび万年筆の広告が目に飛び込んでくる。1960年（昭和35）の『女学生の友』7月号には、「字が上手になりますように……」という言葉と、万年筆を片手に七夕《たなばた》の短冊《たんざく》に願いをしたためる少女の姿を写した「パイロットスーパー」の広告が掲載されている。万年筆を使ってきれいな文字を書けるようになりたい、という当時の少女たちのあこがれを反映した広告である。

また、同『女学生の友』の「ジュニアの教養のための　ペン習字教室――美しい字はあなたの魅力」というコーナーでは、7月号という時節柄、夏の手紙のやりとりを例にあげ、

「『まあ、なんてきれいな字かしら。』お便りをいただいて、思わずそんなことばが出て、ながめてしまうあなた。『わたしにも、こんな字が書けたら……』とつぶやかれるかもしれません。字は文章より先に目につくだけに、だれもがそう願うことでしょう。きれいな字はあなたの人柄を、なんとなく魅力的なものにします」

との書き出しで、どうしたらきれいな字が書けるようになるのかを、文字のはこびやバランスといった細かなアドバイスとともにペン字の手本と少し大人びた例文も掲載している。

大人の象徴的筆記具である万年筆の所有が外面的な大人への第一歩であるならば、万年筆を使いこなして、流れるようなきれいな字を書けるようになることは、少女からあこがれの魅力的な大人の女性へと近づくためのさらなる大きな一歩ととらえられていたようだ。

缶ペンケースが流行した昭和 50 年代後半には、小学校高学年くらいになるとビニール製のマチック筆入れから缶ペンケースへと切りかえることが多くなった。

20 ファンシーショップの登場

かわいらしい文房具、キャラクターグッズやアクセサリー類などの、いわゆるファンシー商品を取りそろえた「ファンシーショップ」。その登場は、キャラクターの採用やデザインを重視するファッション性の高い文房具などが市場にたくさん出回るようになった昭和40年代後半であろうか。

ファンシーショップの全盛期だった昭和50年代、私が通う小学校区にもファンシーショップがオープンし、放課後、休みの日はかわいいものを求める女の子たちでごった返していた。

白い外壁にパステルカラーの扉や窓枠、カラフルなシェードをつけたかわいらしい外観の店は、男子が入店するにはかなりの勇気が必要であった。

意を決して友だちとともに店に入った途端、たくさんの女の子とかわいらしいモノに取り囲まれて気恥ずかしさに押しつぶされそうになったが、何とか店内を回って見つけた男子向けデザインの文房具コーナーはあまりにも小さかった。気恥ずかしさに耐えながら急いで買ったものは、柄は忘れてしまったが、当時流行っていた2段式の缶ペンケースだったことだけは覚えている。

その後も何度か勇気を出して買いに行ったものといえば、キャラクターデザインのシャープペンシルや香りつき消しゴムだった。ほしかったけれど実用性がなく、結局自分は買うのをあきらめたが、ミニサイズの鉛筆・色鉛筆やミニ筆箱セットなども人気があった。

当時、男子にとってはあまり関心がないものであったが、流行っていたのは、「ハローキティ」「マイメロディ」などサンリオが続々と世に送り出したキャラクターたちだった。

東京オリンピック 記念たばこ「ピース」
と東海銀行（現・三菱 UFJ 銀行）のマッチ。

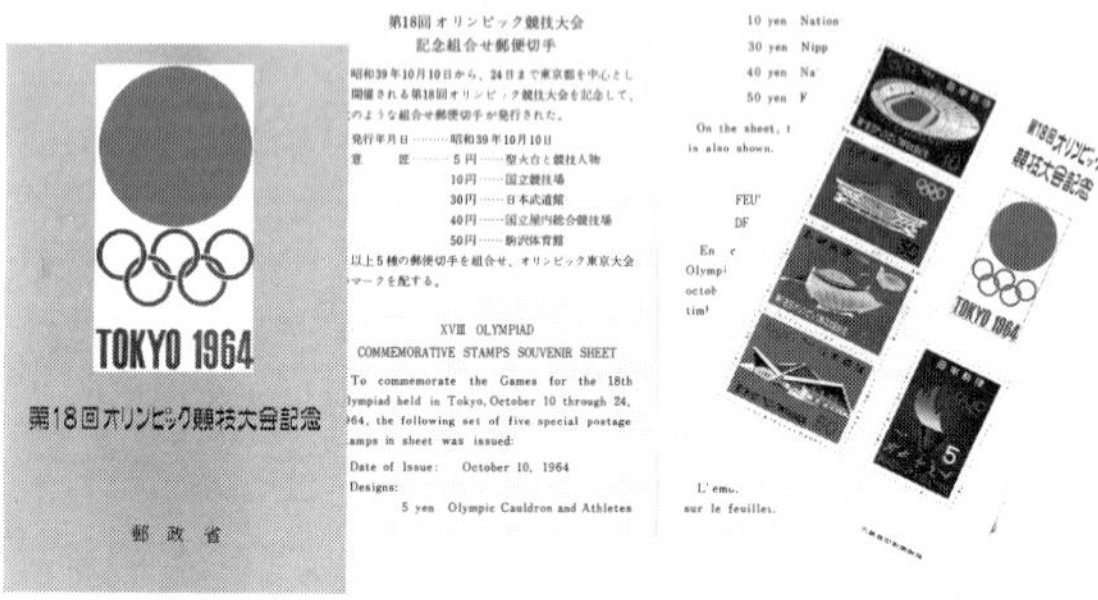

雑誌『小学三年生』付録の「オリンピックゲーム」。

第 18 回オリンピック競技大会記念切手。5 円は聖火台、10 円は国立競技場、30 円は日本武道館、40 円は国立屋内総合競技場、50 円は駒沢体育館。

21 東京オリンピック

多くの方の思い出に残っている東京オリンピックは、1964年（昭和39）の10月10日から24日までの15日間にわたり、93の国・地域から参加した5133人の選手が、20競技163種目を競った。

東京オリンピックでは柔道やバレーボールが正式種目に加わり、柔道は日本が3階級を制覇《せいは》、女子バレーボールは「東洋の魔女」と呼ばれた日本チームが金メダルを獲得した。日本人にとって鮮烈に記憶に残る出来事だった。

当時、テレビはかなり普及していたが、白黒テレビがもっぱらで、このオリンピックをきっかけにカラーテレビを購入された方もいると聞く。

東京オリンピックを成立させるためにさまざまな賛助、協賛が行われた。メダルと貯金箱は、第18

［左から］携帯用灰皿、テレビを購入するともらえたメダル、
東海銀行（現・三菱 UFJ 銀行）の貯金箱。

回の東京大会を記念して配られたもので、メダルはテレビを購入するともらえ、貯金箱は銀行の記念品として配られたようである。

　このほかにもオリンピックを記念した商品が数多く発売され、配布された。コインや切手などを当時購入し、今でも大切に保管している方も多い。

オリンピック東京大会記念 絵はがき。

オリンピック観覧ツアー

　名古屋発のオリンピック観覧ツアーの募集案内のチラシがある。そこには「待望のオリンピック東京大会も間近にせまりました。入場券をおもちの皆様方にはオリンピックに寄せられる期待もひとしお大きいことと存じます。しかしながらオリンピック開催中は交通機関、宿泊施設ともそうとうの混雑が予想されます」と参加者を募っている。開業間もない東海道新幹線とオリンピックをまとめて楽しめる設定である。

　東京コースは、オリンピック開催中の10月10日から24日までの毎日出発、名古屋を午前7時30分に特急ひかり号で出発、東京都内で宿泊し、翌日、午前11時に東京を発ち、午後1時30分には名古屋に戻ってくるというコースである。費用は、6340円から7340円、宿泊をしない場合は3840円となっている。

　もう1コース、熱海コースは、特急こだま号で名古屋を出て熱海に泊まり、翌朝、東京に10時30分に到着、オリンピックを観覧し午後7時に東京を発つコースで、かなりの強行軍であった。

22 日本万国博覧会というビッグイベント

日本万国博覧会は1970年(昭和45)、「人類の進歩と調和」をテーマに3月15日から9月13日の183日間、大阪で開催された。昭和30年代からの高度経済成長を背景に世界の注目を集め、また多くの日本人を会場へ誘った。入場者は延べ約6400万人。

万博会場は連日、多くの人でにぎわい、パビリオンには長蛇《ちょうだ》の列ができあがった。この万博の象徴としてデザインされ、建設されたのが太陽の塔である。

故岡本太郎《おかもとたろう》氏のデザインとなる太陽の塔は、会場のシンボルとしてそびえ立っていた。現在も万博記念公園の顔として残っている。

また太陽の塔の鋳造《ちゅうぞう》ミニチュア、お面、皿など、多くの関連グッズが発売された。

さまざまなイベントにおいて、さまざまなシンボルが生み出されてきたが、これほど多くの人の記憶に残っているものはほかにあるだろうか。

この万博には未曾有《みぞう》の人が集まったと聞く。したがって、このイベントを懐かしく思う方も多いことだろう。太陽の塔はそのシンボルであったが、みなさんの脳裏《のうり》にはどのような万博の記憶が残っているだろうか。

この日本万国博覧会の公式ガイド(300円)には、各パビリオンの解説やみどころなどが詳細に記されている。パビリオンのイラストも挿入されていて、会場の様子を読み取ることができる。

万博に出かけた多くの方はこの公式ガイドを手にしたようで、当時少年だった方からは「万博には2回出かけたが、この公式ガイド

日本万国博覧会記念絵はがき。空撮で万博会場全体を見渡すことができる。1970年(昭和45)。

は何度も何度も内容を覚えてしまうくらい読み込んで、手あかまみれになってしまった」という話をうかがった。会場での見学だけでなく、大阪万博は当時の子どもたちのあこがれであり、夢の象徴であったようだ

同時期に発刊された公式ガイドマップは、広げると110センチ×70センチほどで、広大な万博会場を一望することができる。

大阪万博の思い出を皆さんにうかがうと、〝長蛇の列〟をあげる方が多い。なかでも、アメリカ館の「月の石」があげられる。これを見るにはほかのパビリオンへの入場をあきらめ、アメリカ館のために1日を費やす計画で出かけなければならなかったようだ。

万博会場に入場するには入場券が必要となる。普通入場券で大人が800円、子どもが400円、青年割引入場券が600円。夜間割引では半額となった。回数入場券（5枚つづり）が大人3800円だった。

1970年（昭和45）当時、映画館の入館料が700円、カレーライスが150円、コーヒーが150円くらいだったことと比較してみるのも興味深い。

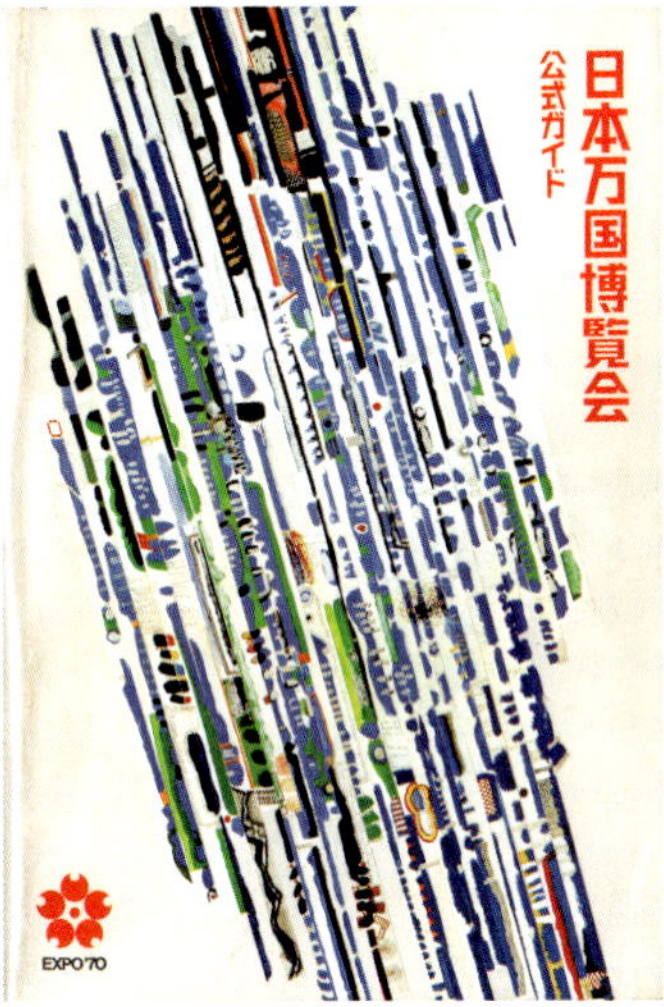

『日本万国博覧会公式ガイド』。
1970年（昭和45）。

家族3人で万博見学。休憩で袋いっぱいに入ったポップコーンを食べる。1970年（昭和45）。

万博絵はがきと大人入場券。
1970年（昭和45）。

「太陽の塔」の鋳造製の置き物とソフトビニール製の貯金箱。

「太陽の塔」の顔のレリーフ、記念金杯、万博のマークをデザインした灰皿。

万博会場と「太陽の塔」をモチーフにした土産品。

迷子ワッペン

大阪万博では、迷子になった子どもの数は5万人弱。このとき大活躍したのが、迷子ワッペンである。

迷子ワッペンには6けたの番号が記入されていて、親用と子ども用に切り離せるようになっている。チョウやハトの絵柄のシールがついた子ども用は安全ピンで服に取りつけ、もう一方は親が保管することで、番号で子どもを捜すことができた。

『日本万国博覧会公式ガイド』には「もしお子さんを見失ったら自分で捜さずに、できるだけ早く近くの案内所にお届けください。コンピューターが番号をもとに、すぐお子さんをお捜しいたします」とある。小学生の頃、大阪万博に出かけた方には、この迷子ワッペンを胸につけた思い出のある方も多い。シールは見る方向によって、ハトが羽ばたいているように見える。ほかにも種類があり、何の絵柄がもらえるか楽しみでもあったようだ。

子どもに限ったことではなく、"大人の迷子"という言葉ができたほど、会場で仲間や家族らとはぐれる大人も多かったようだ。

第3章
かわいいを身にまとう

日本において「衣」は、
着物が主流であった時代から、
洋服・洋装が主流となる時代へと変化した。
とくに、昭和30年代に入ると
テレビやファッション誌の普及とともに、
最新の流行ファッションがいち早く取り上げられ、
人々の関心を呼ぶようになった。

［右］普段着で集合写真。1964年（昭和39）。
［左］結婚式に出席するため、よそ行きの服を着る。1961年（昭和36）。

ミニスカートが流行していた時代。中学生になるとオシャレにも敏感。1960年（昭和35）。

コートと帽子、マフラーでオシャレさん。1961年（昭和36）。

❶ 子ども服

子ども服にも当然、普段着《ふだんぎ》と晴《は》れ着《ぎ》がある。昭和30年代頃は、家庭で子ども服を仕立てることも多かった。子ども服を仕立てるための型紙があり、型紙《かたがみ》が掲載された雑誌なども数多く出版されていた。

ミシンの普及率も高く、家庭で礼服を作ることも多く行われていた。もちろんデパートや百貨店などの子ども服売り場で購入されたものも活用されていた。昔の白黒の写真では、何かの行事、遊園地、観光地などへのお出かけの際に子どもたちは一張羅《いっちょうら》とも思えるおしゃれな服を身につけていた。

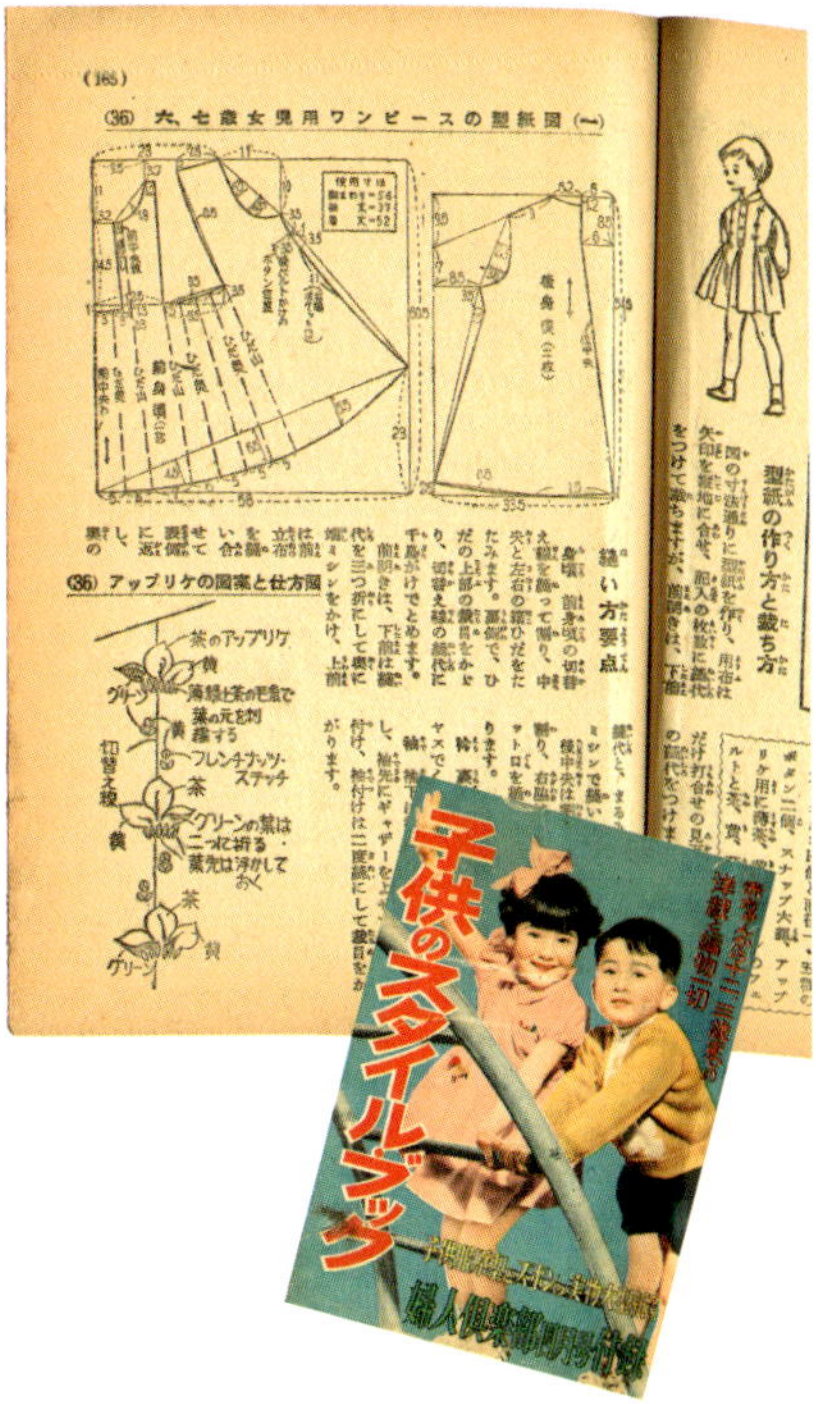

『子供のスタイル・ブック』
(『婦人倶楽部』4月号付録 1955年［昭和30］講談社)

昭和30年代から40年代の子ども服。

昭和30年代から40年代にかけて刺繍《ししゅう》、編み物、人形・ぬいぐるみ作りなどの手芸《しゅげい》が一大ブームとなった。雑誌やその付録としてたくさんの手芸集が発刊された。

当時の手芸集を開くと必ずといっていいほど目につくものが、アップリケを飾りにあしらった小物類やアップリケ用の図案集である。アップリケはカバン、のれん、敷物などの手芸作品から服にいたるまで装飾として広く用いられたが、とくに乳幼児の服や小物は、手作りか市販品かを問わず、動物や花などのかわいらしいアップリケで飾られることが多かった。

1956年（昭和31）の『手芸教室10 アップリケ手芸集』には、アップリケは「むかしからある手芸の中で、一番やさしい手芸として親しまれている」とされ、また「このアップリケの材料は、わざわざお買いにならなくても、お家

❷ アップリケ

左2点は既製品の乳幼児用スモックのアップリケ。右はコーデュロイの共布で子犬をアップリケし、頭の部分がポケットになっている。右下は手作りのベストにフェルトでひよこ、花、家をアップリケしている。昭和30年代末。

右ページに製作例、左ページに魚、白鳥、天使などのアップリケ見本。
（「カーテンと壁かけの図案」『手芸教室10 アップリケ手芸集』1956年［昭和31］雄鶏社）

中原淳一の図案集（「フェルト・アップリケ図案」日本フェルト工業株式会社 昭和30年代）

にあるはぎれを利用して色どりよくお作りになつたほうが、図案によつて引立つ場合もあります。刺し方もやさしく、3種類くらいの刺し方だけですから、単純な図案の場合は、フランス刺繍などで補います」と紹介されている。

アップリケはフェルトというイメージがあるが、特別に材料を用意せずとも手近にある端切《はぎ》れでもできるという手軽さに加え、図案を切り抜いて縫いつけるという単純なものからフランス刺繍などを組み合わせる高度なものまで、それぞれの手芸の腕前に応じて仕上がりの難易度を調整できるということも、アップリケの人気を高めていた要因だろう。

また、手芸集にあふれていたかわいらしいアップリケの図案は、多くの手芸作家やデザイナーによって描かれていたが、中原淳一や内藤ルネといった当時人気を博したイラストレーターもアップリケ図案を手がけており、あこがれの人気作家の図案を自分の手で簡単に再現できることも人気の秘密であったようだ。

つくろいとアップリケ

子どもの頃は転んだりして服を傷めてしまうということはよくあることだろう。成長の早い子どもの服を少しの破れなどで買いかえるのは非常にもったいない話である。かつて、現在のように廉価《れんか》な服が巷《ちまた》にあふれていなかった時代、服は手作り、市販品にかかわらず現代よりもずっと大切にされていた。

子どもが転んで上着の肘の部分やズボンの膝の部分を破ってしまったときには、破れた箇所をつくろって当て布を当てて直すことが普通であった。肘や膝の部分の場合は、楕円形の布を表側から当てられることが多かった。また、破れた場所によっては、当て布ではなく、アップリケでつくろった箇所を隠しつつ、飾りを加えるということもよくあった。

小学校の家庭科の教科書にも、衣類の手入れとして、あなつぎや当て布の仕方など、破れた部分のつくろい方がとり上げられているが、『小学校 家庭 6年』（1964年［昭和39］学校図書）では、「衣服のこう生」の工夫として「いたんだところをつくろったり、しみやよごれがせんたくしてもとれなくなった部分が、目だたないようにアップリケなどをしてみましょう」とし、衣服を大切に着るための工夫としてアップリケを活用することをすすめている。

ポニープアアップリケ。「アイロンでピッタリ洗濯OK！」縫いつけ不要の簡単アップリケ。昭和40～50年代。

クローバーアップリケ。同じく接着剤つきでアイロンで簡単につけられる。花柄、ストライプ、チェックの布を使ったかわいらしい動物や花のアップリケ。昭和40～50年代。

3 雨降り

雨が続く梅雨時は、スッキリしない天気のせいか何かと気分も沈みがちになるが、子どもの頃には雨降りでも楽しくすごしていた思い出がある。

あじさいの花、カタツムリ、アマガエル、傘にあたる雨音、長靴をはいて水たまりでジャブジャブ……。雨の日ならではの楽しみがたくさんあった。また、新しい傘や長靴を買ってもらうと、早く使いたくて雨が降るのをワクワクしながら心待ちにしていた。

そんな雨を楽しみ、親しんでいた頃の遠い記憶を思い起こさせてくれるのが、梅雨の時期の幼児雑誌に掲載されたイラストである。てるてる坊主《ぼうず》のような雨合羽《あまがっぱ》、青色や赤色のゴム長を身につけ、大きな傘をさして、雨降りを楽しむ子どもたちの姿が描かれている。

カラフルな花柄の子ども用の折りたたみ傘。当時小学牛だった姉妹が使っていたもの。赤地に縁と中央を中心にバラなどの花柄が入ったものが姉、黄地に縁に大きな花柄、全体に細かな花柄が入ったものが妹が使用していた。昭和 40 年代。

梅雨の晴れ間に長靴干しのお手伝い。
(「おとうさんのくつだよ」『ひかりのくに』6月号 1959年［昭和34］ひかりのくに)

大人用の大きな傘をさして楽しそうに歩く子どもたち。
(『ひかりのくに』6月号 1953年［昭和28］ひかりのくに)

折りたたみ傘

突然の雨に備えて、カバンなどに常備しておくと重宝するのが折りたたみ傘だ。今ではボタンひとつで自動開閉できる折りたたみ傘も販売されているが、子どもの頃には折りたたむ仕かけに大いに興味はあるものの、それゆえの扱いにくさにより、なかなか使いこなすことができないものでもあった。

コンパクトにたたまれた折りたたみ傘を得意気に開いたまではいいが、雨上がりに元どおりきれいに折りたためず、結局無造作に閉じた状態で持ち歩くしかなくなり、携帯性に優れたものであるはずが、片手をふさがれてしまうということもしばしばだった。

そんな折りたたみ傘が日本で製造されるようになったのは昭和20年代（1945～）の半ば頃。1951年（昭和26）には現在の折りたたみ骨の原型となるホック式と呼ばれる親骨が開発された。

さらに1954年（昭和29）には簡単に開閉できるスプリング式の折りたたみ骨が発明されるとともに、防水性に優れた低価格の新素材ナイロン生地を採用したことで、折りたたみ傘は急速に普及していった。

また、1960年（昭和35）頃からは、現在雨傘の主流素材となっているポリエステル生地が採用されるようになった。1965年（昭和40）年には親骨が従来の二段式から三段式となったコンパクト傘、三段折りのミニ傘の登場、骨のアルミ合金化も進むなど、徹底した小型軽量化が図られていく。

4 あこがれのファッションを再現

服飾関係の雑誌に掲載されている型紙を使って、本来なら人が着るための服を、博物館の展示用として1／2サイズで仕立てた。型紙があれば、当時の服を再現できるという実験的展示の試み。

昭和30年代の服飾関係の雑誌には、流行の服をまとったモデルの写真に加え、自分でミシンを使ってその服を作るための型紙が掲載されていた。

その型紙を使って、実物サイズの2分の1の服を仕立ててみた。着ることはできないが、2分の1サイズだからこそ、そのデザインやかわいらしさが引き立っている。

こうした雑誌から流行のデザインをピックアップして仕立てた。『服装』1月号の付録『1月のデザイン・ブック』（1959年［昭和34］同志社）。

『女性自身』の表紙を飾る服を1／2サイズで縫製した。中央の『女性自身』の表紙には型紙が挿入されている。
［左から］『女性自身』1960年（昭和35）4月20日号、1960（昭和35）3月16日号、1959年（昭和34）6月5日号（光文社）。

5 あこがれのファッション・コレクション

昭和30年代から昭和40年代にかけての婦人服あれこれ。「昭和日常博物館」では、「博物館の収集対象＝着物」という既成概念を取り払い、普段着の洋服やよそ行きの一張羅など、洋服も収集している。百貨店や洋品店で購入したもの、自分自身でミシンを使い縫い上げた服など、さまざまである。

黒と白とえんじ色のツイードのロングコート。昭和 30 年代。

黒と黄色のツイードのロングコート。大きなボタンが特徴的。昭和 30 年代。

幾何学模様の生地を使ったワンピース。昭和 40 年代。

ツイードのスカート付ロングコート。昭和 40 年代。

襟に特徴のあるコートが好まれた。大きな襟と大きなボタンが特徴的なハーフコート。1962年（昭和37）。

スタンドカラーのロングコート。昭和40年代。

歌手や女優がファッションリーダー

百貨店・洋品店などの販売店のショーウインドーでは、最新のファッションをまとったマネキンがポーズをとり、テレビ画面に登場する歌手や女優がファッションリーダーでもあった。

同時に、最新のファッションは服飾関係の雑誌に写真と型紙が掲載され、誰でもミシンを使って縫い上げることができた。ミシンの普及率は、1960年（昭和35）69.5%、1965年（昭和40）77.4%と上昇し、1977年（昭和52）85.3%でピークを迎える。昭和30年代から50年代にかけて、各家庭においてミシンが大活躍していたことがうかがわれる。

鮮やかな赤のハーフコート。花柄の裏地がかわいい。1963年（昭和38）。

6 キャシーちゃん用の替え衣装

写真は、1954年（昭和29）愛知県生まれの少女。1966年（昭和41）、小学校6年生のときに、ソロバンで3級をとれば、この「おしゃべりキャシー人形」を買ってもらえることとなり、張り切ってソロバンの練習をして獲得したご褒美《ほうび》である。

少女の趣味は手芸。それまでも布製のバッグや手袋など、自分が使う小物類は自分の手で作っていた。このキャシー人形が手に入って以来、その趣味は人形の着せ替え用の服を作ることとなったようだ。作り方は本格的で、人形から型紙を起こし、体型にぴったり合う服になっている。当時、テレビや雑誌に登場する歌手や女優が着ている最新流行の服をモデルに仕立てていた。母親や姉が服の仕立てをした端切れを使っていることから、材料となった布も当時流行していた生地、デザイン、色であり、今も残っている着せ替え用の服から当時の最先端を見ることができる。

自身で仕立てた衣装を着せた人形と記念写真。1966年（昭和41）。

おしゃべりキャシー人形。テレビに登場する歌手や、映画の主人公が着ている服、服飾雑誌に掲載されているデザインを元に替え衣装を製作した。昭和40年代。

第4章

大好物はどんなもの？

子どもの頃の大好物ってなんだったろう。
昭和30年代では、やはり、カレーライスがトップで、
オムライス、ハンバーグ、卵焼き、ラーメン、コロッケ、
すき焼きなどがあがっている。
昭和30年代に大好きなものとして、
よく使われたフレーズが、「巨人《きょじん》・大鵬《たいほう》・卵焼《たまごや》き」である。
野球と相撲と、食べ物は卵焼きであった。
そのほかにも、駄菓子屋さんで買っていた
ガム、キャンデー、ラムネ、麩菓子《ふがし》、酢昆布《すこんぶ》などの
駄菓子あれこれ、粉末ジュース、サイダーなど飲み物あれこれ、
家の冷蔵庫で作る氷菓子やプリンなど
手作りお菓子の素あれこれ。
思い起こせば、枚挙に暇がない。

❶ カレーライス

「大好物はカレーライス！」、「週に一度は！」といった方も多いのではないだろうか。カレーライスは、外食、家庭料理を問わず、好きな料理のアンケート調査でも常に上位を獲得している。カレーライスがここまで私たちの食生活に浸透した理由は何だろう。食欲をかき立てるスパイスの香りや味は、舌、鼻《び》腔《くう》を通して身体全体を刺激し活力さえ与えてくれる気がする。

カレーは、そもそもさまざまな香辛料《こうしんりょう》を配合した混合香辛料のことである。香辛料が「カレーライス」に生まれ変わるまで、それなりの手間を要するが、この手間を省いたのが、カレー粉であり、固形ルーであり、レトルトカレーである。

インスタントカレーとか即席カ

レーと呼ばれる商品が、昭和時代のはじめ頃、家庭用として登場し、その後、カレー粉に小麦粉やバター、牛乳、砂糖、塩などを混ぜた商品が、そして固形ルーが登場し、「晩ごはんはカレー」という家庭が急増し「日本人の国民食」と呼ばれるようになった。

家庭でこれほどまでにカレーライスが愛されているのには、固形ルーやカレー粉を用いながらも、具材や隠し味として何を加えるかという工夫が「家庭の味」や「私のカレーライス」のレシピを生み出すことにあるのだろう。

ハウスカレーポスター。1939年（昭和14）頃。

家々でカレーライスを食べるための皿は決まっていることが多い。写真中央の、深みのある楕円形の皿は、カレー専用といってもよい。無地のものや、金色の縁取りがあるもの、花柄などの模様が描かれたものなどバリエーション豊富だった。ほかには、冷たい水を用意するためのポット、冷蔵庫で氷を作る製氷皿、コップ、オリエンタルカレーのマーク入りスプーンなど。

ベル・カレールウ広告。（『きょうの料理』1961年［昭和36］4月15日号 日本放送出版協会）

カレーのある食卓。

2 日本のインスタントカレー略史

　明治時代末から大正時代にかけて、カレーパウダーの発売が相次ぎ、日本におけるカレー流行の基礎となった。

　カレーパウダーは、小麦粉やバターなどと炒《いた》めるといった工程が必要であり、便利とはいえ手間のかかるものであった。

　戦後には、より簡単に調理が可能なインスタントカレーの開発が相次いでいく。

　終戦まもない1945年（昭和20）11月、愛知県のオリエンタルが「オリエンタル即席カレー」の製造を開始。炒めた小麦粉をあらかじめカレー粉に加えた粉末状の製品で、宣伝カーやノベルティを使った営業活動の効果もあって、全国的な人気となった。

　その後、1954年（昭和29）に「エスビーカレー」、ハウス食品から1960年（昭和35）の「印度カレー」など、手間が省けてダマになりにくい固形タイプが登場する。

　さらに、当時まだ貴重品だった牛乳を加えることで子どもにも食べやすい味つけにしたのが、明治製菓が1953年（昭和28）に発売した「明治ミルクカレー」である。明治製菓は、1961年（昭和36）に製造委託先のキンケイ食品工業と業務提携し、商品名に「明治キンケイ」と入るようになり、本格的にカレー事業に参入した。

　明治製菓と同じく製菓会社である江崎グリコも子ども向け甘口の「ワンタッチカレー」を1960年（昭和35）に発売。この製品は、チョコレートの成型方法を応用して、従来の粉末や固形タイプの欠

昭和20年代から50年代のカレーパッケージ。
家庭の味のベースとなったカレーパウダー、カレールーの数々。

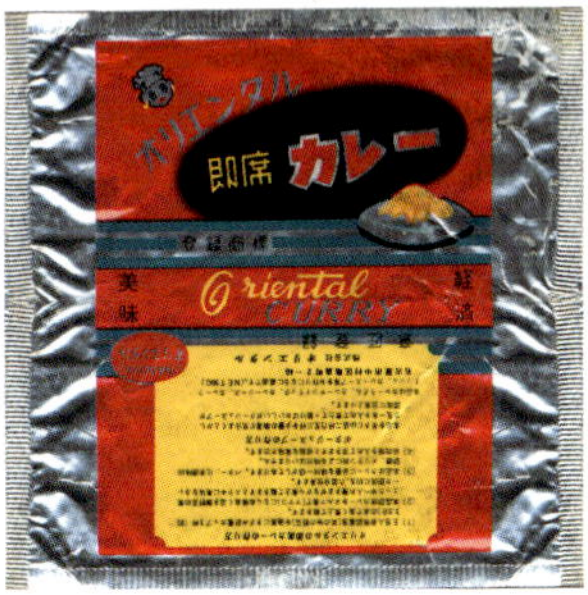

オリエンタルカレーのパッケージ。
袋状のパッケージを展開した。

点を補った個別成型タイプだったのが目新しかった。ハウス食品が1963年（昭和38）に発売した「バーモントカレー」は、スパイシーさと甘さを両立させ、現在に続くロングセラー商品となっている。

その後、大人にも受入れられる辛口カレーの開発が各社で始まり、1963年（昭和38）、明治製菓からは本物志向の辛さを売り物にした「インドカレー」、エスビー食品からは1964年（昭和39）に33種類のスパイスを配合したインド風の「特製エスビーカレー」や1966年（昭和41）には「ゴールデンカレー」などが次々に発売された。

インスタントよりさらに手軽に、湯に入れるだけで食べられる明治製菓の「クイックカレー」が1962年（昭和37）に登場し、これはのちのレトルトカレーにつながっていく。

森永製菓のチョコレートキャラメルは1953年（昭和28）、コーヒーキャラメルは1954年（昭和29）、トッフィーキャラメルは1957年（昭和32）、1962年（昭和37）にはディズニーのキャラクターを採用したキャラメルが登場。グリコのアーモンドグリコは、1955年（昭和30）発売、1964年（昭和39）には、鉄人28号グリコを発売。カバヤキャラメルは、1946年（昭和21）に発売が始まった。雪印は、1951年（昭和26）に製菓業界に参入、バターキャラメルを発売した。明治のクリームキャラメル、コーヒーキャラメル、スコッチキャラメル、チョコレートキャラメルは、それぞれ昭和30年代～40年代のパッケージ。

3 キャラメル

駄菓子屋さんへ小銭を握りしめて出かけた思い出は多くの方と共有できる。しかし、その小銭が1円玉なのか、10円玉なのか、100円玉なのかは、世代によって変わってくる。もしかすると円ではなく銭かもしれない。

なかでもキャラメルは高嶺《たかね》の花でもあった。キャラメルの語源は、カラメルと同じで、ポルトガル語に由来する。日本では森永製菓の森永太一郎が1899年（明治32）に創始したとされるので、ほぼ120年の歴史を持つ菓子ということになる。同社やグリコ、明治製菓などのキャラメルの味と箱は、年齢が長じても忘れ難いものといえるだろう。

昭和に入ってからの価格の変遷をみてみよう。森永ミルクキャラメルを例にとると、おおまかに戦

「一粒300メートル」がキャッチフレーズのグリコキャラメル。左から1959年（昭和34）、1950年（昭和25）、1937年（昭和12）。パッケージ中央の人物は、正式には「ゴールインマーク」と呼ばれ、時代とともに顔の表情、ランニングシャツのロゴなどが変化している。

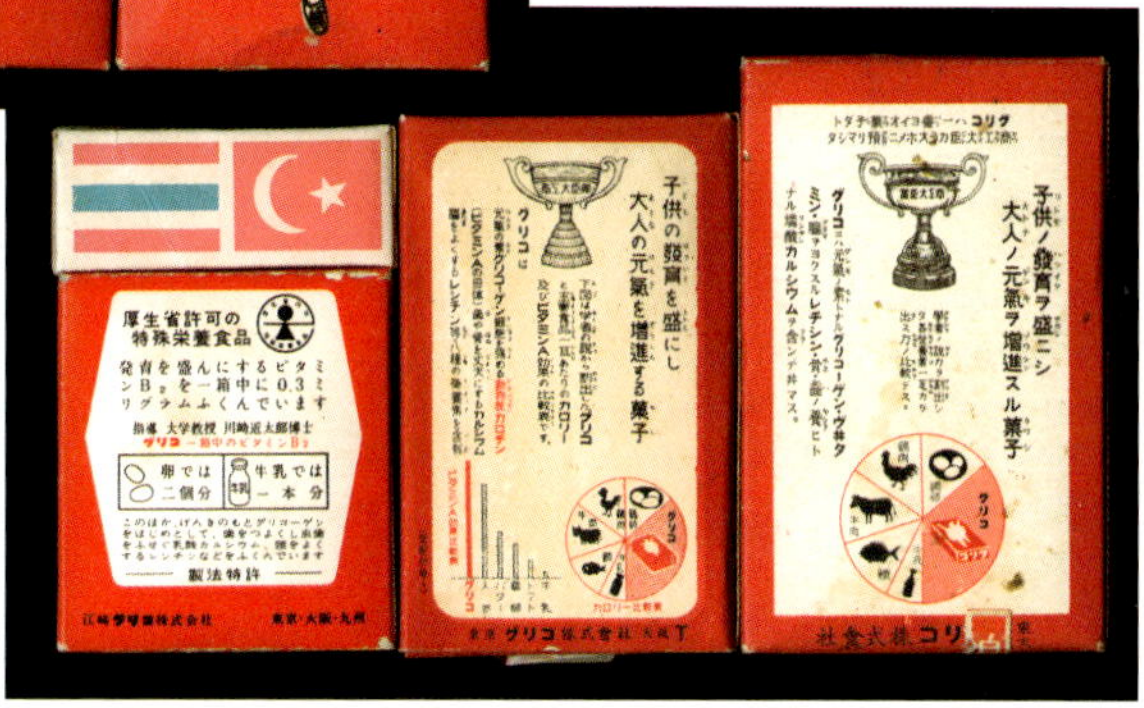

グリコキャラメルパッケージの裏面。左のパッケージには、1箱のキャラメルの栄養を「卵では二個分、牛乳では一本分」と表示。中央と右側のパッケージには「子供の発育を盛にし大人の元気を増進する菓子」とうたっている。

グリコのおまけ。1953年（昭和28）～1957年（昭和32）頃のおまけをピックアップした。洗濯機、テレビなど大人にとってもあこがれの品々が小さなおまけになっていた。

前は20粒入10銭、1950年（昭和25）で16粒入20円、その後、昭和40年代に20粒入30円、40円、50円となり、1980年（昭和55）には60円に。ちなみに現在は100円ほど。値段を探るのは自分の歴史をひもとく手段でもある。

「キャラメル」にはどこか懐かしい響きがある。これは、キャラメルが子どもの生活、文化にも深く根づいていたからである。

たとえば、学校の帰り道、じゃんけんをして、パーで勝ったら「パ・イ・ナ・ツ・プ・ル」で6歩、チョキなら「チ・ヨ・コ・レ・イ・ト」で同じく6歩、そしてグーで勝てば「グ・リ・コ」で3歩進めるという遊びがあった。

パイナップルやチョコレートと同じく、子どもが好きなおやつの代表格として存在していた。まさに「お菓子の王様」といわれたゆえんでもある。

4 ドロップ

甘くて、フルーツの味がする飴《あめ》玉《だま》。なかでも、赤、緑、黄、白など、色とりどりのドロップは多くの子どもたちを魅了した。

大正時代の終わり頃から、缶入りのドロップが各メーカーから販売されはじめた。森永製菓が1924年（大正13）に発売したドロップの缶は、食べたあとに飾っておくこともできそうなきれいな絵柄がプリントされていた。携帯用の小缶が80匁《もんめ》（1匁＝3・75g）入りで45銭だった。

丸い蓋《ふた》を開け、カラカラと振ってドロップを手のひらに取り出す。「赤いのがほしかったけど白いハッカが出てきた」とか「食べ終わった空き缶を宝物にしていた」などの思い出をうかがうことも多い。

缶入りのほかに、円形のタブ

［左］森永ドロップ。昭和 30 年代。
［右］森永ドロップの観覧車形ディスプレイ。昭和 30 年代。

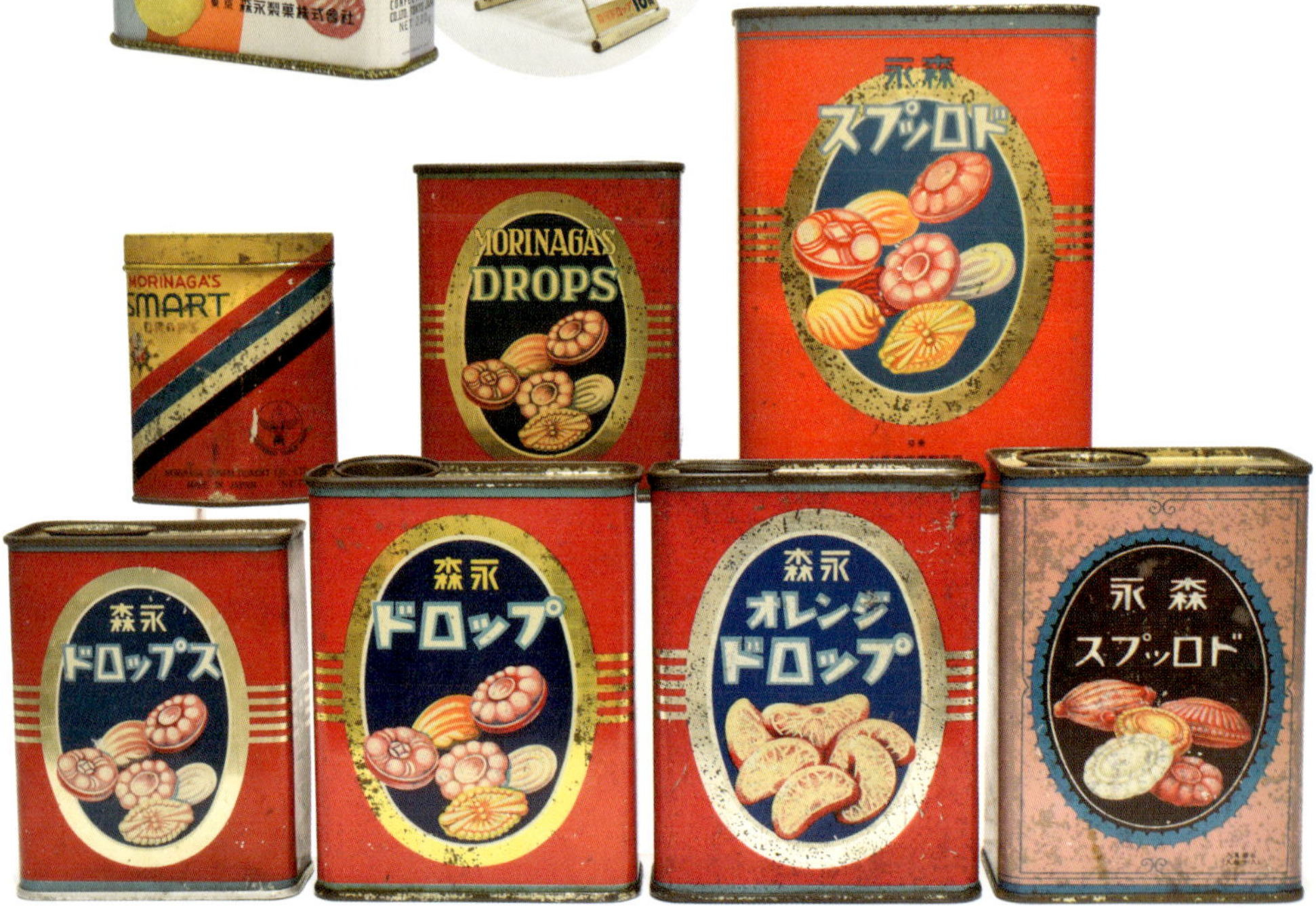

上段左は、森永のポケット缶入りスマートドロップス。1934 年（昭和 9）に発売されたこの容器は、シガレットケースの代用になることから兵士に好まれた。1918 年（大正 7）に輸出用として販売されたのが森永ドロップの始まりで、国内向けには 1924 年（大正 13）から発売。このタイプの缶のデザインは 1957 年（昭和 32）まで発売された。右から左にドロップスと書かれた上段右の商品は戦前のもの。下段右端のピンク色の地色の缶は、発売初期の大正時代のものと思われる。

レット状のドロップを重ねて筒状にし、紙で巻いたポケットタイプの商品も人気があった。

　写真の観覧車のようなディスプレイ台は、このタイプのドロップを店頭で並べる際に使われていたもので、1955年（昭和30）頃のものと思われる。脚の部分に「森永ドロップ10円」と記されているように、この商品は、1950年（昭和25）から10円で発売され、親しまれていた。

　森永ドロップの缶は、鮮やかな色彩をベースにDROPSやドロップの文字がデザインされており、なかに入っている透明感のある甘いドロップのイメージをよく伝えている。

明治ドロップ。フルーツ系のドロップのほかに、チョコレートドロップも発売された。

サクマ／サクマ式ドロップス。1908年（明治41）佐久間惣次郎商店が「サクマ式ドロップ」の販売を開始、第二次世界大戦により砂糖の供給が止まり廃業に追い込まれた。戦後、佐久間製菓とサクマ製菓が興され、佐久間製菓がサクマ式ドロップスの商標を用い、サクマ製菓はその社名を名乗りサクマドロップスを販売。

5 牛乳、コーヒー牛乳と乳酸菌飲料

小学校の給食では、1965年（昭和40）頃まで脱脂《だっし》粉乳《ふんにゅう》が提供されていた。その名のとおり牛乳から脂肪分を取り除いた粉末《ふんまつ》をお湯で溶いたものだった。

家庭では、新聞と同様に毎朝届く牛乳配達によって届けられる牛乳や乳酸菌飲料《にゅうさんきんいんりょう》を健康のため飲んでいた。牛乳は、今でも見られる大手のメーカーのもののほか、販売地域が限られた牛乳の味を覚えている方も多いようだ。

今では、紙パックやポリスチレン製の容器に入れられることが多い牛乳や乳酸菌飲料も、当時はガラスの瓶入りで、紙の蓋《ふた》で栓《せん》がされていた。

牛乳配達には、自転車やバイクや、オート三輪《さんりん》が使われていた。

牛乳瓶と牛乳の紙蓋、栓抜き。
昭和30年代から40年代。

昭和30年代から40年代の乳酸菌飲料いろいろ。当時はヤクルトもガラスの瓶入りだった。エルビー、ヤクルトの木箱は、配達される商品の受取箱。

コーヒー牛乳、コーヒー飲料の瓶。
昭和 30 年代から 40 年代。

コーヒー牛乳の紙蓋。
昭和 30 年代から 40 年代。

栓抜きいろいろ

瓶入り、缶入りの飲み物の栓抜きを集めてみた。飲み物といえば、サイダー、ラムネ、オレンジジュース、牛乳などが思い浮かぶ。では、どんな栓がしてあったか？ を思い出しながら、栓抜きを見ていくことにする。

栓抜きといえば、サイダーやビールなどの瓶入り飲料の封をしている王冠をはずす道具が一般的であり、今でも日常的に使われている。

では、ラムネの栓は、どうやって開けただろうか。ラムネは、瓶のなかに入っているビー玉で内側から栓がされている。したがってそのビー玉を押し込むようにして開けることとなる。駄菓子屋さんなどで使われたのが、写真のように円盤状の木に 2 センチくらいの棒がついたラムネ用の栓抜きである。家で専用の栓抜きがないときは、箸を差し込んで叩いて開けたりもした。

瓶入りの牛乳や乳酸菌飲料には、紙製の丸い蓋がはめ込まれており、これを爪でめくったり指で押したりして開ける。給食のときには、前歯を使う同級生の姿もよく目にした。こうした紙製の蓋を開ける際に用いられたのが、2 センチほどの針がついた道具で、この針を紙蓋に突き刺して引き抜いた。のちに、安全のため針を覆うように輪がつけられた。

缶ジュースや缶ビールなどは、現在ではプルタブ方式がほとんどであるが、かつては缶には何もついておらず、専用の缶切りで 2 か所に穴を空けるようになっていた。片方の穴は飲み口で、もう片方の穴は空気の取り入れ口である。缶から直接よりは、グラスに移しかえてから飲むことのほうが多かった記憶がある。

6 粉末ジュース

語る必要のないほど、ポピュラーだった商品である。共感を持たれる資料としてはトップクラスでもある。資料館の展示コーナーでは「おいしかった」、「うちはオレンジじゃなくてソーダだった」などの会話が来場者の間で弾む。

家庭で作った飲み物としては、「カルピス」や「渡辺のジュースの素《もと》」がある。カルピスは戦前から親しまれている乳酸菌飲料で、昭和30年代には、お中元の代表格になった。

「渡辺のジュースの素」はその名のとおり、袋のなかの粉末を水で溶くと、オレンジジュースができあがる。同種の飲み物としては、このほか、春日井製菓の「シトロンソーダ」も懐かしい。冬場には即席の汁粉、ココアなどを味わった。

粉末ジュースは、昭和30年代中頃、折しもインスタント食品がはやりだした時期に大人気となったようである。

写真は、グリコから発売されていた粉末ジュースで、当時大人気だった鉄人28号が描かれている。さまざまなお菓子などのパッケージに子どもたちの人気を集めるキャラクターが登場するのは、今も昔も変わらない。

この「グリコ鉄人粉末ジュース」は、2杯分で15円。加えて「発泡《はっぽう》ガス玉」なるものがついており、水に粉末ジュースを溶かしたあと、この玉を入れると、勢いよく泡がたち、ソーダ水になるようだ。さらに、子ども心をくすぐるおまけがついていた。テレビ形の枠を動かすことによって、次々に絵が変わって動く「マジックテレビ」や「鉄人カラースタンプ」と称したおまけである。

ジュースの素で作ったジュースは、なぜか出される家ごとで味が違っていた。薄かったり、濃かったりと、加える水の量のさじ加減が意外と難しかったようだ。粉末を水に溶かずに直接口に運ぶことも多かったようだ。

［上］グリコ鉄人ジュースとおまけ。おまけとともにガス玉が入っており、粉末ジュースを溶かして、このガス玉を入れると炭酸のように発泡した。

［左］グリコ鉄人ジュースの箱と店頭用ポップ。空を飛ぶ鉄人 28 号が目を引く。2 杯分 15 円。

缶コーヒー。1970年代後半から80年代にかけて群雄割拠状態であった。

7 群雄割拠・缶コーヒー

昭和40年代に入ると缶コーヒーが流行する。1983年（昭和58）には1億ケースを突破、多くのメーカーが缶コーヒー事業に参入し、商品を送り出している。

瓶入りのコーヒー牛乳やジュース瓶に入ったコーヒー飲料はそれまでにも存在したが、1970年（昭和45）、大阪万博の会場で販売されたことで、缶コーヒーは広く知られるようになった。

1969年（昭和44）、上島珈琲（現・UCC上島珈琲）が「UCCコーヒー　ミルク入り」を発売した。1972年（昭和47）にはポッカレモン（現・ポッカサッポロフード&ビバレッジ）が「ポッカコーヒー」、1973年（昭和48）には大同薬品工業（現・ダイドードリンコ）が「ジャマイカンブレンドコーヒー」、1975年（昭和50）には、日本コカ・コーラが「ジョージア」を発売した。

発売当初はミルクや砂糖が入った甘いコーヒーであったが、しだいにブラックや微糖などバリエーションも増えてきた。

8 飲料水の自動販売機

飲料水の自動販売機で懐かしいのが、1957年（昭和32）に登場した「ジュース自動販売機」である。硬貨を入れると紙コップに一定量のジュースが出てくる自動販売機で、星崎電機（現・ホシザキ）が開発した。

この機種は、名古屋まつりでデビューし、東山動植物園に設置されたのをきっかけに普及していった。1962年（昭和37）には、多くの方の記憶に残る噴水型の自動販売機が大人気となる。これは、透明なドームのなかで噴水《ふんすい》のようにジュースが吹き出すもので、「街のオアシス」というネーミングで一世《いっせい》を風靡《ふうび》した。

瓶ジュースの自動販売機は、1962年（昭和37）にコカ・コーラの販売用に導入された。

その後、缶飲料の自動販売機の登場によって、缶ジュース、缶コーヒーは人々の手に広く渡った。

さらに、ポッカレモン（現・ポッカサッポロフード&ビバレッジ）が導入した加熱と冷却の選択ができる自動販売機の登場により、冬は温かく、夏は冷たい飲み物を提供できるようになった。

自動販売機（ポッカレモン［現・ポッカサッポロフード&ビバレッジ］）。右が1977年（昭和52）頃、左が1980年（昭和55）頃。

京都嵐山の土産物店前。背後に噴水型のジュースの自動販売機が写っている。1963年（昭和38）。

第5章 暮らしのデザイン

昭和30年代以降、
暮らしのなかの色合いが鮮やかになっていく。
もちろん、それ以前の白黒写真に
色がなかったというイメージによるものだけではない。
プリント技術やプラスチック製品の台頭といった
産業技術の進歩に加え、生活を彩るためのデザインが
あわせて施されていく。
今、思い起こせば、どうしてそこまで流行し、
自ら暮らしに取り入れていたのか不思議に思う部分もあるが、
とにもかくにもみんなが同じ方向を向いていた。
また、当時の製品を集め、分類することで、
意識されていなかった集合体を見つけ出すこともできる。

❶ 花柄一色の台所

昭和30年代に入ると電化製品が急速に普及していった。冷蔵庫、洗濯機、掃除機、炊飯器《すいはんき》など、家庭で使われる電化製品の多くは白色であった。

電化製品は年を追うごとに機能が高められ、より便利なものへと進化していった。故障したから、もっと便利なものがほしいから、といった理由に加えて、デザインの変化によって買いかえるという現象が起きた。そのひとつが花柄。台所を中心に起きた花柄の台頭である。

炊飯ジャーやトースターなどの電化製品だけでなく、おたま、鍋、魔《ま》法瓶《ほうびん》といった台所用品にも花柄のものが見られるようになった。こうした流行により、デザインを重視して道具をそろえるという現象が起きた。

初期には機能が重要視されていたものが、しだいにデザイン面も選択要素になってくる。花柄のあとにはストライプを使ったデザインや、昭和40年代、50年代に入ってくると冷蔵庫などの家電製品にも白ベースだけでなく、さまざまなカラーが用いられるようになった。

花柄採集ノート

キッチンで目にするもの、手にするもの。昭和の時代には、さまざまなものに花柄が使われていた。少しのスペースがあれば、絵柄、デザインをはめ込むことができる。道具もキャンバスといえる。キッチンのセンターポジションといえばテーブル。テーブルそのものやテーブルクロスに花柄を使えば、空間を花柄で彩ることができる。細かなものにも花柄。たとえば、フライ返しなどの柄、白い持ち手に花柄が映えていた。

左から 2 点は象印マホービンの保温ジャー、次 2 点は孔雀印がトレードマークのピーコック魔法瓶工業の回転式ポット、象印マホービンの魔法瓶。昭和 40 年代。

電子ジャー
東芝 RK-161 9800 円。

電子ジャー ダイヤ魔法瓶。

電子ジャーと内釜。炊いたご飯を入れて保温しておく。エベレスト。

花柄ポットの登場

象印マホービンが運営する「まほうびん記念館」によると、日本で初めて花柄の魔法瓶が販売されたのは1967年（昭和42）のこと。製造したのは、エベレスト印の魔法瓶メーカー「ナショナル魔法瓶工業」であった。

象印マホービンによると、卓上ポット業界の出荷金額は、花柄ポット登場前の1966年（昭和41）の約70億円から、1969年（昭和44）には約140億円と倍増。これを受けるように、象印マホービン、タイガー魔法瓶なども花柄を採用し、花柄のブームに拍車をかけた。

『タイガー魔法瓶70年のあゆみ 1923-1993』には、「昭和42年（1967）には、花柄模様入りのジャー、ポットを“モードシリーズ製品”として売り出した。この時期、業界をあげて花柄模様の製品に熱中したが、当社の製品は塩化ビニール鋼板に特殊印刷をほどこしてあり、さびたり、はげたりしない点を最大の特徴としてPRしたのである」とし、「食卓を飾るインテリアとして、時代とともに変化する生活感覚にマッチした新しいデザインを求めて商品開発が進められた」と記述されている。

また、「歴史的大ヒット――ハイビスカス物語」として「ポットのボディに花柄をあしらうようになったのは、昭和42年からである。40年代後半には、花柄の全盛時代となり、花柄のよしあしで売り上げが変わった」としている。

さらに『象印マホービン70年史』では、「華やかさへの幕開き――花柄ブーム」と題して、「昭和42年はポットに華やかさが加わった年である。それまでポットのケースは光りもののクロームから、これに色をつけ、あるいは木目調にするなど進んではきていたが、華やかさはなかった。42年に当社はテーブルやキッチンに潤いをもたせようと考え、いちばん普遍的で誰にも喜ばれる花柄をケースに印刷することにした。これには当時の印刷技術のめざましい発達に負うところが大きい」と記している。

［左］ポット ピーコック魔法瓶工業。
［右］ポット タイガー。

ポット注ぎ口と中栓。中栓の突起部分が蓋で押されることにより、蓋が閉まっているときには中身が流れ出ないような構造になっている。

花柄のガラスコップ

1970年代～80年代の花柄のガラスコップ。佐々木硝子（現・東洋佐々木ガラス）やアデリアグラスのタンブラーセットなど、当時の贈答品、引き出物によく使われた品々である。まとめておいてあると「花柄の花壇？」と思えるほど色鮮やか。

花柄ホーロー鍋

いつ頃大流行したのか？ ホーロー鍋に花柄が咲き乱れた時期はいつだろうか？

1974年（昭和49）発行の『暮しの手帖 31号』に「ホーローなべのホーローの強さをテストする」という特集記事がある。

7つのメーカーのホーロー鍋がテストされているが、もれなく花柄が描かれている。昭和40年代後半から50年代前半あたりに大流行した。

ホーロー鍋には、安全規格の公認シールが貼られている。そこに「社団法人 日本琺瑯（ほうろう）工業会」と記されていれば、おおむね1976年（昭和51）以降の製品、「日本琺瑯工業連合会」と記されていれば、それより前ということになる。社団法人日本琺瑯工業会が1976年（昭和51）8月28日に設立されたことが見分けるポイントになる。

花柄の乳母車

かつて乳母車のカゴの部分は、籐で編まれたものや木製で漆が塗られたものが主流だった。カゴの側面には鶴や亀、宝船などの縁起物が描かれていた。

昭和30年代後半頃からビニール製のカゴが用いられるようになった。色、デザインとも多様となり、なかでも花柄は人気だった。ビニール製品やプラスチック製品が登場したことにより、暮らしはより華やかになっていった。

花柄シール

1970年代の花柄流行は、花柄が描かれた既製品を使うだけにとどまらなかった。花柄が描かれていない家具やガラス窓、建具などもD.I.Y.で花柄化されていった。

それを担ったのが、シールであった。無地の洋服ダンスが花柄に、透明の窓ガラスが花柄にといった具合に。写真はデコレーションシールのシリーズから「花柄」をピックアップしてみた。RUNEとあるのは、内藤ルネのデザインである。

ハンガーボード。昭和30年代から40年代にかけて、キッチンの壁収納として大流行した。

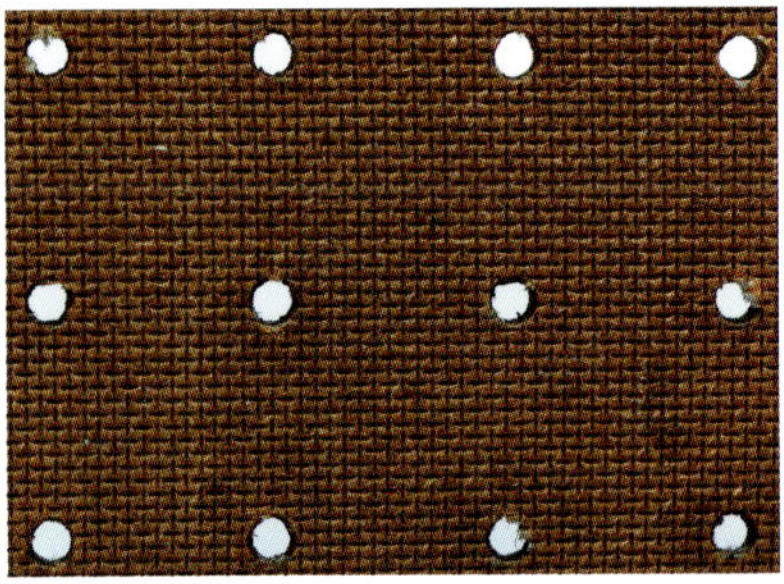

ハンガーボードの裏側。

❷ ハンガーボード

花柄キッチングッズを吊るして見せる収納。それがハンガーボード。壁に取りつけて小物などを収納するための穴をあけた板。

　昭和30年代から50年代まで、キッチンの必須アイテムだった。基本色はブルー。均等に3ミリほどの穴が穿《うが》たれ、その穴にフックやフックつきのトレイやカゴ、あるいは箸立て、包丁立て、コップ立てなどを取りつけた。花柄が流行した昭和40年代から50年代にも多用され、まさに花柄咲くステージであった。

　ハンガーボードはいつ頃キッチンに登場するようになったのだろう？　こうした疑問を解決するには『暮しの手帖』が重宝する。

　探っていくと、1956年（昭和31）発行の本誌36号に「なんでも吊せる壁」として登場する。そ

ハンガーボード用の箸立てと花柄の子ども用箸。

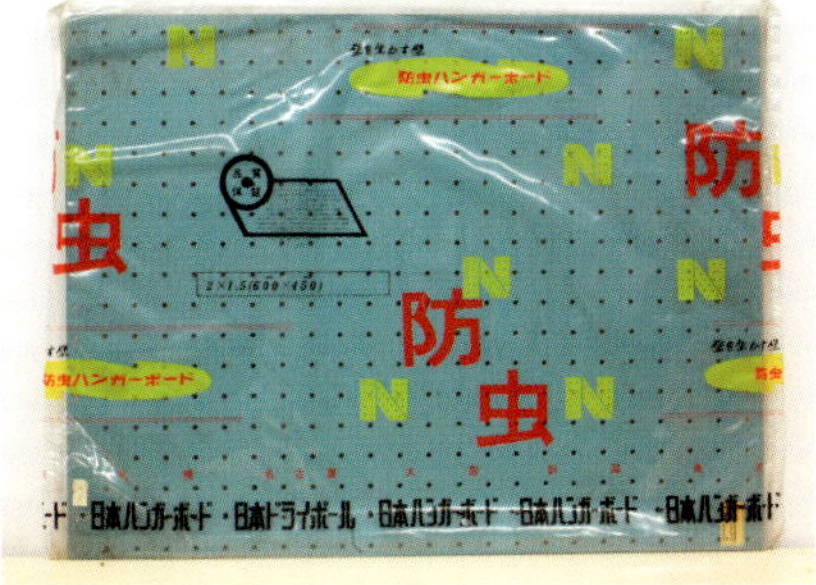

ハンガーボードは、用途に合わせてさまざまなサイズのものが金物店で販売されていた。畳1枚分ほどの大きなものもあったが、写真は60センチ×45センチ。「壁を生かす壁 防虫ハンガーボード」と銘打っている。

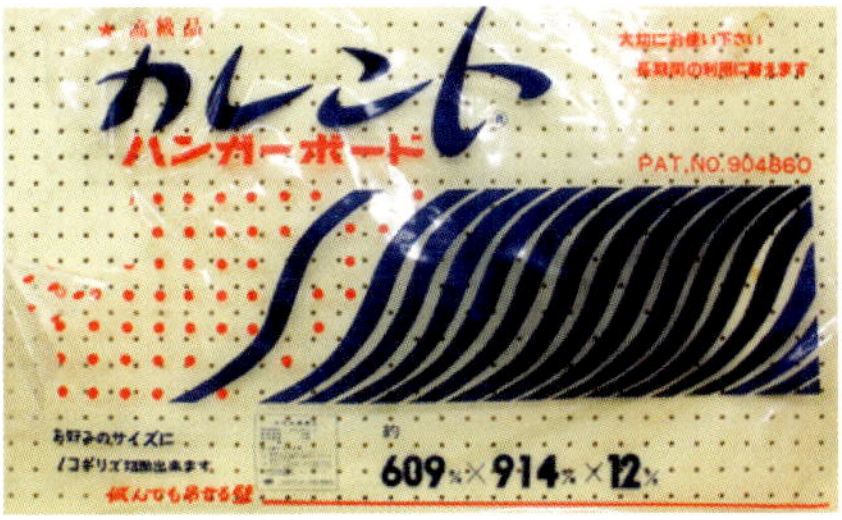

カレントハンガーボード。
ポリスチロール樹脂製。

ここには、吸音《きゅうおん》ボード（学校の音楽室の壁など）という穴のあいた板材の活用方法を紹介しながら、「最近こういう使い方のための吸音ボードも売り出されています」として市販品のハンガーボードを紹介している。

　このことから、昭和30年代初頭からハンガーボードの利用が活発になったと思われる。ちなみに、穴の間隔は1インチ（＝25・4ミリ）。

部屋のコーディネートとして

　もともとは木製の板に青や緑の塗料を塗ったハンガーボード。昭和50年代頃には、ポリスチロール（スチロール樹脂）製のハンガーボードがよく用いられるようになった。

　青のほか、白、ピンクなど鮮やかな色合いの樹脂で製造され、キッチンだけでなく子ども部屋の壁収納などにも使われた。「カレント ハンガーボード」は、流行のとか最新のハンガーボードということだろうか。

中身に関係なく、パッケージデザインにもエジプト柄は多用された。右は三重県の二見浦土産の靴ベラの箱。左はおもちゃセットの箱。昭和 30 年代。

[左] 蚊帳にもエジプト柄の布が使われている。古代エジプトには見られない帆船や孔雀の図像も入る。昭和 30 年代。

[右] 鎌倉彫りの状差し。上段中央にスフィンクス、下段左には生命の象徴「アンク」を掲げる人物が彫り出されている。昭和 40 年代。

3 エジプト柄

アフリカ大陸を流れるナイル川流域に数千年の永きにわたって栄えた古代エジプト文明。その文明の輝きは現在も世界の多くの人々を魅了し続けている。

そして、アフリカ大陸から遠く離れたこの日本でも古代エジプト文明は、数ある古代文明のなかでも最も広く知られた文明となっている。日本における熱狂的と評してもいいほどの古代エジプト文明への関心の高さは、国内で開催される古代エジプト関連の展示会の観客動員数にも如実《にょじつ》に反映されている。

さらに、日本における古代エジプト文明への情熱は、古代エジプト文明の遺物を貴重な歴史遺産、美術品として鑑賞するだけにとどまらず、その独特な象形《しょうけい》文字や美術様式を、日々の暮らしで使う道

人頭の鳥を先頭に舟に乗った神々を礼拝する人々が描かれたアルバム表紙。昭和初期。

［右］オルゴール付宝石箱。漆絵、沈み浮彫で神や王を礼拝する図像や楽器を奏でる人物像などが描かれている。昭和30年代。
［上］オルゴール付宝石箱の内部。扉部分に人物像とヒエログリフ風の文様の沈み浮彫が施されている。昭和30年代。

具を飾るための柄、模様としても取り込んでいった。

昭和時代、古くは昭和初期から、和服、洋服、食器、アルバム、本、包装紙などのさまざまな日用品にエキゾティックな雰囲気を添えるデザインとして広く定着、流行していった。

ここでは昭和時代に古代エジプト文明をモチーフとして生み出されたデザインや造形を「エジプト柄」と呼び、そのデザインの多様さ、オリジナルからの変容の様子を楽しんでみたい。

エジプト柄流行へのプロローグ

19世紀、イギリス、フランスをはじめとするヨーロッパ諸国では、エジプト・ブームが巻き起こっていた。1798～1801年にかけて行われたナポレオンのエジプト遠征がブームのきっかけとなり、その後、遠征に同行した学術調査団による『エジプト誌』の刊行もブームを後押しすることとなった。

また、1822年には、ジャン＝フランソワ・シャンポリオンによりヒエログリフ（古代エジプト文字）が解読されたこともブームに大きく拍車をかけた。このブームのなか、ヨーロッパ各国はエジプトの美術品の収集を精力的に進めていき、大英博物館、イタリア・トリノのエジプト博物館、ドイツ・ベルリンのエジプト博物館などのコレクションの充実、ルーブル美術館古代エジプト美術部門の創設などが行われた。

このエジプト・ブームは美術品の収集や鑑賞だけにとどまらず、家具調度、建築などのデザインにもエジプトのエッセンスが採り入れられ、有名なオペラ『アイーダ』が誕生するなど、社会の多方面にまで広がっていった。

この時期、日本は江戸から明治への大転換期を迎えており、開国から急速な近代化を進めていた。ヨーロッパを見本として近代化が進められるなか、当時のヨーロッパ社会のブームの潮流にも大きな影響を受けた。ヨーロッパでのエジプト・ブームの影響に加え、古代エジプト文明の独特でエキゾティックな魅力は、日本でも人々の関心を大いに引きつけ、博物館、個人コレクターの古代エジプト美術品の収集が進められていった。後のエジプト柄流行への下地は、明治の近代化の歩みとともに築かれていったと考えられる。

エジプト柄のマグカップとカップ・アンド・ソーサー。左のマグカップには土器づくりの様子、右2点には神あるいは王に捧げ物をする行列や戦士が描かれている。昭和40～50年代。

左は伊豆シャボテン公園のお土産。台座に「ウナス王」の名前を含むヒエログリフが刻まれる。中央は状差し、右はスフィンクスと温度計のついたピラミッドの置き物。昭和30～40年代。

ツタンカーメン王墓の発見をきっかけに

エジプト柄は、日本では明治時代から徐々に採り入れられていき、昭和時代に大きく流行、浸透していったようだ。

明治から大正時代には、商標・広告のデザインや銘仙《めいせん》などの図柄として、ピラミッドやヤシの木などがよく採用されていた。その一例として、明治時代末期から大正時代にかけて「ライオン歯磨」の記念品（絵はがきや風呂敷）などに、トレードマークのライオンとともにピラミッドやヤシの木がデザインされている。

昭和時代に入ると、1922年（大正11）のハワード・カーターによるツタンカーメン王墓の発見をきっかけとして、日本でもエジプト柄の流行が起こった。昭和初期には、本やアルバムなどの装丁、銘仙の図柄などの商品デザインとして広がっていった。

そして、戦争を挟んで停滞していたエジプト柄の流行は、昭和30年代に入るとその勢いを大きく盛り返していった。昭和30年代には、世界各地の古代文明に関する大型の展覧会が次々と開催され、古代文明への社会的関心が大きく高まった。

1963年（昭和38）「エジプト美術五千年展」、1965年（昭和40）「ツタンカーメン展」の開催は空前の古代エジプト文明ブームを巻き起こし、エジプト柄大流行を引き起こした。昭和30年代から40年代にかけて、エジプト柄は服飾、包装紙類、装飾品などにとどまらず、家具や壁紙などへも大きく広がっていき、定番のデザインのひとつとして定着、浸透していった。

［上］着物と帯柄。着物にはツタンカーメン王の即位名「ネブケペルウラー」が見られる。昭和30～40年代。
［下］単行本カバーに兵士と楽団。昭和30年代。

[右] 北名古屋市の母体となった旧師勝町の町制施行（1961年[昭和36]）の際の記念品とされた風呂敷の柄の一部。
[左上] 西アジアの先史時代の土器を思わせる土器柄で飾られた扇子。昭和30年代。
[左中] 西アジアの先史時代の多様な彩文土器を忠実に描いた風呂敷。昭和30年代。
[左下] 黄地にデフォルメされた壺をモノトーンで描いた反物。昭和30年代。

4 土器柄

エジプト柄が流行した時期とほぼ時を同じくして、広く使われていた柄のひとつに「土器柄《どきがら》」がある。壺柄《つぼがら》とも呼ばれることがあるが、壺という器形にとどまらない多様な表現が見られ、明らかに陶磁器以前の古い焼き物をモチーフにしているものも多いため、ここでは柄の多様性を表すため「土器柄」と呼んでおきたい。

この土器柄は昭和30年代頃を中心に、エジプト柄と同じく、さまざまな日用品を飾るデザインとして流行した。

和服、洋服、風呂敷、陶磁器、ガラス製品、壁紙など幅広く使われていた。描かれている土器は、非常に写実的な表現のものから、デフォルメされ、パターン化されたものまで、バリエーション豊かだ。

また、典型的な日本や中国風の壺や花瓶のようなものから、ギリシア、西アジア、アメリカ大陸の土器と思われるような特徴を表したものまで、世界各地のさまざまな時代の土器をもとにデザインされている。

先史時代の土器を思わせる幾何学文の長頸、把手付、球形などの壺で飾られたガラスコップ。昭和 40 年代。

土器柄の湯呑と急須。長頸、短頸の壺を極度にデフォルメしたモダンな土器柄。昭和 30～ 40 年代。

古代メソポタミア柄。沈み浮彫でメソポタミアのワシ頭の精霊の図像を刻んでいるが、内部の装飾にはヒエログリフ風の文様などのエジプト柄を用いている。昭和 30 年代。

古代メソポタミア柄

エジプト柄、土器柄が流行するなか、他の文明や民族をモチーフにした柄も生み出されていた。ギリシア、ペルシア、インカ、北方騎馬民族風などの柄とともに、古代エジプト文明とならび知名度の高い古代メソポタミア文明をモチーフとした柄も登場した。

写真のオルゴール付宝石箱は、蓋にメソポタミアの新アッシリアの壁画をモチーフにした彫刻が施されている。翼を持つ、ワシ頭の精霊が中央の「生命の樹」に対して何らかの儀式を行っている場面であり、新アッシリアの都、ニムルドの宮殿を飾った壁画の一部を模したデザインである。

貯金箱。名古屋相互銀行（現・名古屋銀行）、1970 年（昭和 45）頃。

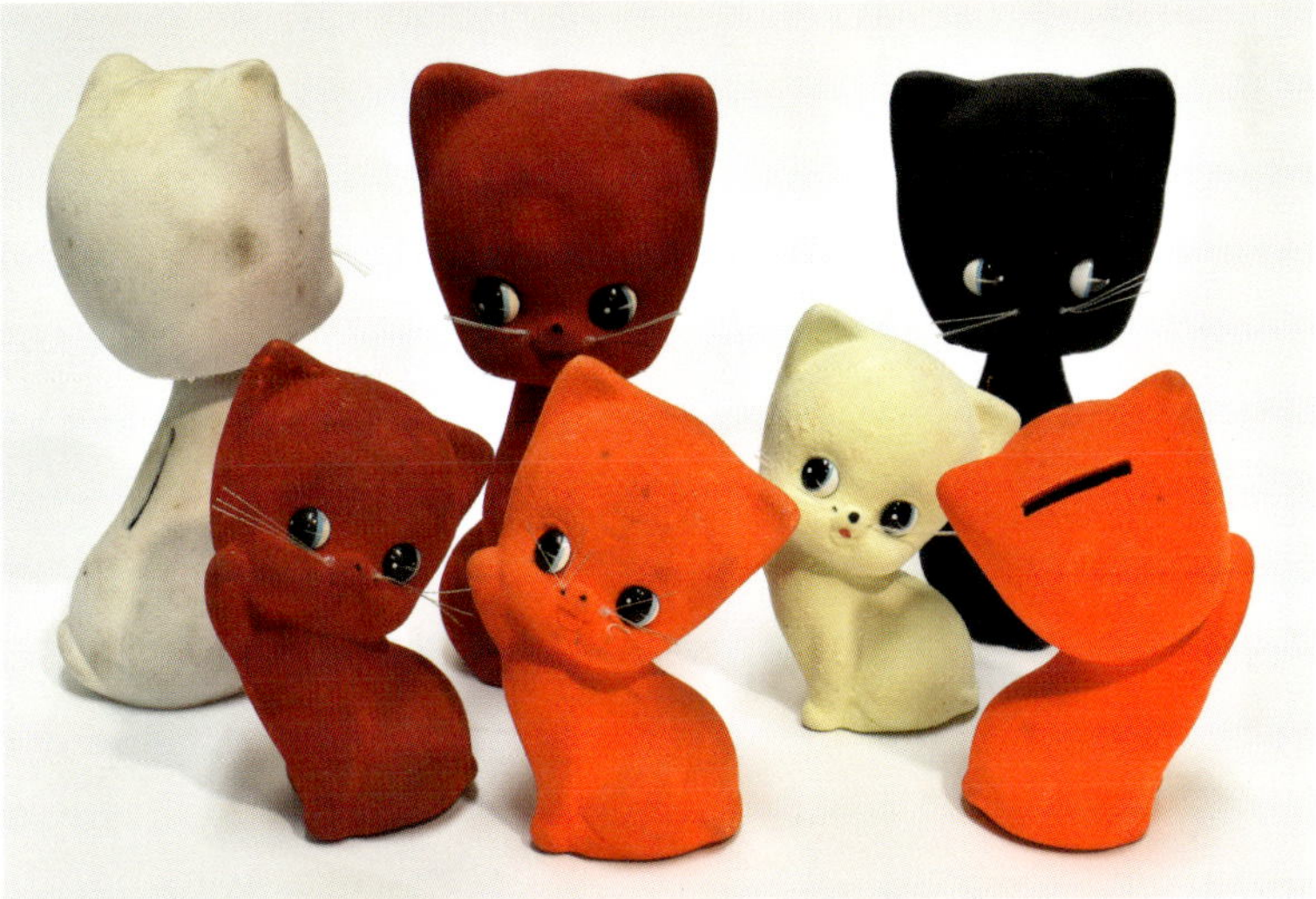

猫の貯金箱。表面はビロード調に仕上げられ、後ろの大型の猫の貯金箱は、バネで首を振る。
東海銀行（現・三菱 UFJ 銀行）、昭和 40 年代。

5 貯金箱

子どもの頃、親から貯金箱をもらったことがある人も多いだろう。お金を貯めることを教育的に勧めるときにプレゼントされることが多いのが貯金箱である。

とはいえ、雑貨店などで購入したものよりは、銀行などが預金者に配ったノベルティグッズが、子どものところに回ってくることが多かったようだ。干支《えと》にちなんだ動物の貯金箱は毎年の定番であり、ほかにもオリジナルキャラクターなどの貯金箱を配っていた。材質は時代により、陶製、プラスチック製、ソフトビニール製など、さまざまである。

名古屋相互銀行（現・名古屋銀行）の貯金箱は、世界各国の人たちが民族衣装を身にまとっている。おそらく1970年（昭和45）に開催された日本初の万国博覧会、通称「大阪万博」の頃に銀行が配ったものと思われる。

❶

❷

❶富士銀行（現・みずほ銀行）の「ボクちゃん」貯金箱シリーズ。1962 年（昭和 37）から銀行のノベルティグッズとして活躍した。❷協和銀行（現・りそな銀行）の「桃太郎のお供貯金箱」シリーズ。1963 年（昭和 38）に登場した。❸左から、三和銀行の犬、三菱銀行のこぶた、東海銀行（現・三菱 UFJ 銀行）の猫の貯金箱。昭和 30 年代～ 40 年代。❹丸型郵便ポストの貯金箱。郵便物の投函口がコインの投入口。昭和 10 年代から昭和 40 年代。❺瀬戸信用金庫の 12 面体の貯金箱。昭和 40 年代。

❺

❸

❹

丸型郵便ポストの貯金箱のなかには、郵便局が配ったものも多いと思われる。丸型郵便ポストの投函口がコインの投入口となっている。

子どもの頃、貯金箱が手に入るととても嬉しくて、手元にあった小銭をすぐに貯金箱に投入した覚えがある。しかし、文房具屋さんや駄菓子屋さんで買い物をする際、貯金箱に入れておいた小銭を日もたたないうちに取り出すことが当たり前だったうえに、お金を手にする機会がそれほどなかったので、貯金箱をいっぱいにするにはいたらないことが多かった。

その点、銀行などが景品で配った小型の貯金箱は、手のひらサイズでさほど多くの小銭が入るものではなかったが、そうした子どもたちにとって、貯金箱を満たしていく期待感にあふれているものであったともいえる。

6 フルーツこけし

旅のお土産《みやげ》の流行は時代によって変わっていく。昭和30年代から40年代頃の定番はこけしを組み込んだ置き物だった。旅先の名所、名物、特産品がこけしと組み合わされ、旅の思い出を凝縮するように巧みにデザインされていた。

なかでも、地域の特産の果物などをこけしと組み合わせてデザインされたお土産の一群がある。「フルーツこけし」と呼ばれるもので、みかん、りんご、すいか、さくらんぼ、なしなどの地域ごとの特産果物をかたどったお土産である。また、フルーツではないが、なす、栗、きのこ、わさびなどを同じようにこけし化したものもあった。

「フルーツこけし」には、奇妙さとかわいさとが同居した不思議な魅力がある。

みかんこけしのペア。みかん形の丸い顔で、胴部にはみかんの絵と「みかんが実る 想での道」の文言が書かれている。昭和 30～40年代。

かご入りのみかん・りんごこけし。同じ形式であるが、頭部はみかんとりんごの形状の特徴が細かく作り分けられている。昭和 30～40年代。

フルーツこけしいろいろ。左から、りんご、みかん、すいか、さくらんぼ、なし。
こけしの頭がフルーツ形になるのが基本的形態。昭和 30～40年代。

野菜こけしいろいろ。
［左から］わさび（静岡・長岡温泉）、釜飯の上のきのこ・栗（長崎・雲仙）、かんぴょうの原料のゆうがおの実（栃木・鬼怒川温泉）、なす（不詳・白川温泉）、しめじ（長崎・雲仙）。昭和30〜40年代。

お土産の流行あれこれ

旅の思い出として、かつてよく買い求めたお土産はどんなものだっただろう。

昭和50年代に幼少期をすごした私の場合は、旅の記念には必ずキーホルダーを買ってもらっていた。昭和50年代にはキーホルダーがお土産の定番として大流行しており、土産屋の店頭には非常にたくさんの種類が並んでいた。メダル形、鉄道切符形、都道府県形、おみくじ形、日本刀形など、デザイン性の豊かさに加え、価格と大きさの手頃さから自分の旅の思い出の品としても、誰かへのお土産としても人気が高かった。昭和40年代頃から、昭和50年代を全盛にして、昭和の終わり頃には下火となっただろうか。

私より少し上の世代に流行ったお土産はペナントだろう。ペナントは昭和30年代後半から昭和50年代前半まで流行した。

全盛は昭和40年代後半で昭和48年（1973）頃がそのピークといわれている。初期のペナントは小型でフェルト生地製の少数の色使いのものから、その後徐々に大型化が進むとともに、昭和40年代には縁飾りのついた不織繊維製の多色印刷が主流となり、昭和50年代にはさらに大型化した紙製の写真ペナントが登場したが、昭和50年代前半にはペナントは急速に廃れていく。

また、キーホルダーやペナントと同じ頃流行ったお土産に通行手形があげられる。昭和50年代が流行のピークで昭和の終わり頃までは土産物屋でよく見かけるものであった。木製で将棋の駒形を基本とし、片面に観光地のイラストや名称、他面に「通行手形」の文字とあわせて、ご利益のほどは不明だが、交通安全、厄除けなどのお守り的な文言も書かれていた。

1970年（昭和45）からの国鉄のキャンペーン「ディスカバー・ジャパン」による国内個人旅行客の増大もお土産の流行に影響を与えた。

熱海土産の『金色夜叉』こけし。学生服にマントを着た貫一とお宮が満月と松の木の下に並ぶのが基本スタイル。昭和 30～ 40 年代。

『伊豆の踊子』こけし。笠、三味線・太鼓を持った旅芸人の姿をしている。昭和 30～ 40 年代。

『奥の細道』の旅装束の松尾芭蕉こけし。右端は宮沢賢治の『雨ニモマケズ』が書かれた岩手土産のこけし。昭和 30～ 40 年代。

❼ 文学作品こけし

有名な文学作品にゆかりのある土地では、作品の登場人物や名場面などをこけしで再現した旅のお土産が売られていた。

この「文学作品こけし」として、もっとも多くの土地でお土産化された作品は、江戸時代の十返舎一《じっぺんしゃいっ》九《く》による『東海道中膝栗毛《とうかいどうちゅうひざくりげ》』であろう。

主人公の弥次郎兵衛《やじろべえ》と喜多八《きたはち》（弥次さん・喜多さん）が、江戸から東海道を歩いて伊勢神宮へ参り、京都・大阪へ旅するという話で、道中にいろいろな土地に立ち寄っているので多くの観光地でお土産にしやすかったようだ。

また、熱海では尾崎紅葉《おざきこうよう》の『金《こん》色夜叉《じきやしゃ》』の貫一《かんいち》とお宮《みや》の文学作品こけしが定番のお土産となっていた。たくさんのバリエーションが

『二十四の瞳』の「おなご先生」と 12 人の子どもたちのこけし。小豆島は作者の壺井栄の出身地。昭和 30〜 40 年代。

子どものような「坊っちゃん」の隣には金色の松山城がそびえる道後温泉のお土産。昭和 30〜 40 年代。

弥次さん、喜多さんは神奈川と静岡を中心にたくさんの観光地でお土産化された。昭和 30〜 40 年代。

袋を肩に担いだ大国主命と耳以外の白い毛をむしられてしまった白兎。昭和 30〜 40 年代。

屋島の戦いで海上の舟の扇を射抜いた那須与一こけし。昭和 30〜 40 年代。

あるが、追いすがって許しを請うお宮を貫一が下駄で足蹴《あしげ》にする場面を再現しているものが大半である。悲壮《ひそう》な場面ではあるが、どのこけしも明るくかわいらしい表情で再現されているのが面白い。

ほかには、『伊豆《いず》の踊子《おどりこ》』（川端康成　静岡県・下田）、『赤穂浪士《あこうろうし》』（大佛次郎　兵庫県・赤穂）、『二十四の瞳』（壺井栄　香川県・小豆島）、『平家物語・那須与一《なすのよいち》』（香川県・屋島）、『坊っちゃん』（夏目漱石　愛媛県・松山）、『因幡《いなば》の白兎《しろうさぎ》』（鳥取県）など、作品中の有名な登場人物がこけしとなって物語の一場面を再現している。

ラジカメ（ナショナル C-R2 1980年［昭和55］）。

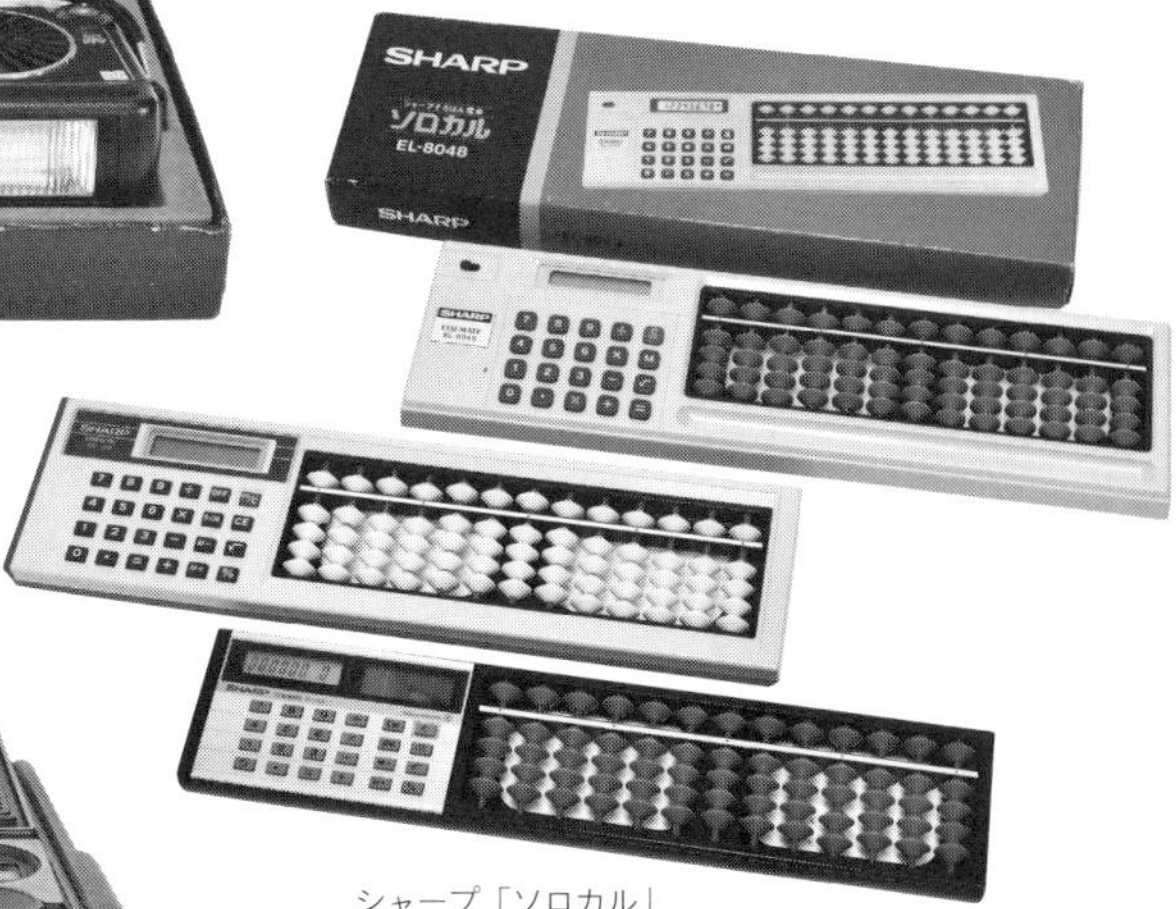

シャープ「ソロカル」
EL-8048（1979年［昭和54］）5500円、EL-428（1981年［昭和56］）5500円、EL-429（1984年［昭和59］）太陽電池式、6000円。

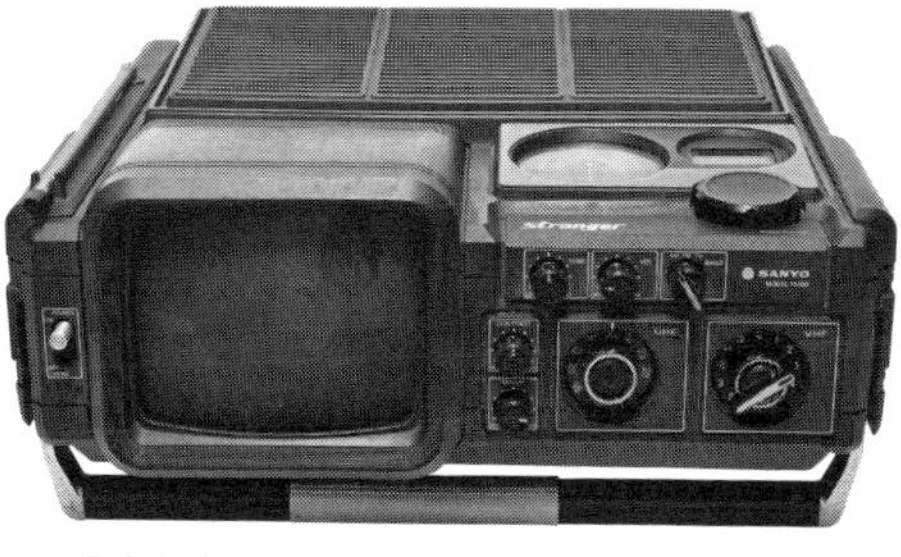

ラテカセ（サンヨー T5100 1978年［昭和53］）。

ラテカセ（ナショナル TR-512F 1977年［昭和52］）。

8 合体家電

二種類以上の家電がひとつになった「合体家電」と呼べるような電化製品がある。

古くはラジオとレコードプレーヤーが合体した電気蓄音機（電蓄）。昭和30年代後半には、ラジオとカセットテーププレコーダーが合体した「ラジカセ」が誕生する。今ではカセットテープを聴くことはほとんどなくなったが、ラジカセによってラジオのエアチェック、録音なども簡便にできるようになった。

さらに、ラジオとカセットテープレコーダーとテレビが合体した「ラテカセ」という製品も1975年（昭和50）頃に誕生する。他にも、ソロバンと計算機が合体した「ソロカル」、カメラとラジオが合体した「ラジカメ」のような変わり種も登場した。

真空管《しんくうかん》のように大きな部品のかわりにトランジスタやICへとダ

ステレビジョン（シャープ TD-82　14型・4スピーカー・ステレオアンプ付テレビ）。その名のとおり、ステレオとテレビが合体した商品である。1961年（昭和36）頃。

超音波式リモコン付カラーテレビ

白黒テレビからカラーテレビ、真空管からトランジスタ、ブラウン管から液晶パネルといった具合にテレビ受像機は進化してきた。その進化のひとつとして「チャンネル→リモコン」をあげることができる。

かつてはチャンネルを「回す」であったのが、リモコンの登場により「回す」ことがなくなった。その変化点にあったのが「ズバコン〈20-CTR910R〉」である。「リモコンでチャンネルを回す」というように「回す」「チャンネル」と「リモコン」が同居している。赤いキノコのような形をしたのがリモコン。テレビの電源のON-OFF、チャンネルの切りかえ、音量調節ができた。サンヨー製、1971年（昭和46）発売。

シャープ電化製品カタログ「テレビ界最高のデラックス型！　シャープグランドステレビジョン　完全自動テレビと本格的なステレオを一台にセットしたデラックス型」。

ウンサイジングが進んだことによって、複数の機能をひとつにまとめることが可能になった。

また、従来は、オープンリール式のテープを使うテープレコーダーが主流であったがテープ自体が小型化し、簡単に入れ替えて使うことができるカセットテープが登場したことによって、合体に拍車をかけた。

手動式ミキサー。手回し用のハンドルがなければ、電気ミキサーそのものである。

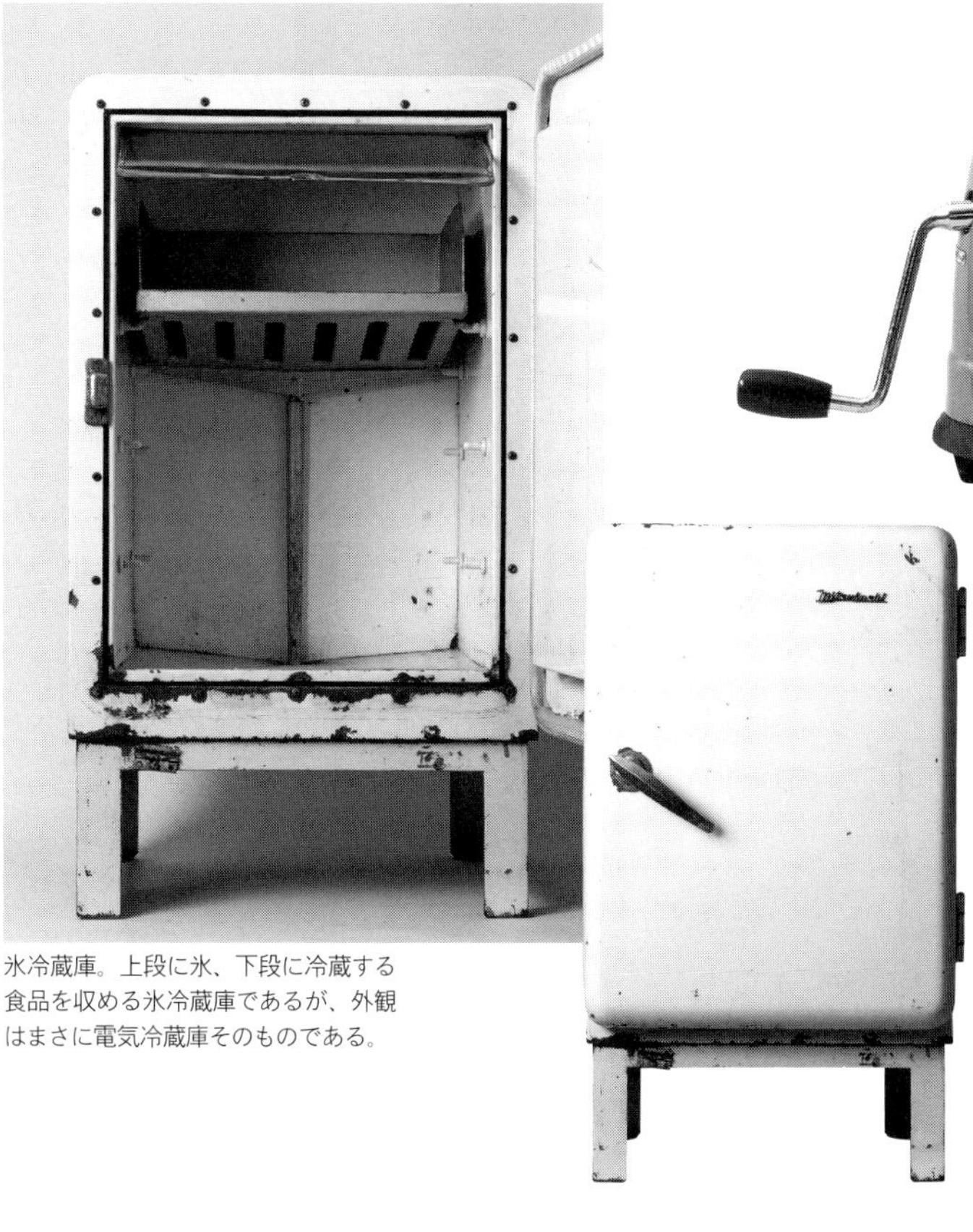

氷冷蔵庫。上段に氷、下段に冷蔵する食品を収める氷冷蔵庫であるが、外観はまさに電気冷蔵庫そのものである。

9 家電もどき

電化製品が普及しはじめる1955年（昭和30）以降、機能的には電気を使わないままであるが電化製品の外面姿をまねたものが登場してくる。

たとえば、電気冷蔵庫の登場以前に使われていた氷冷蔵庫。

もともと外側は木製で角張っていたものが、昭和30年代初頭の丸みを帯びた電気冷蔵庫に似せた外観に作られた氷冷蔵庫がある。

また、この頃に大流行したミキサーであるが、電化製品のミキサーと同じような形をとりながらも、その下部に差し込んだハンドルを手動で回すことによって内部の刃が回転するタイプのものがある。

両者とも見かけだけは電化製品風であるが、実質的にはそれ以前から使われている製品と変わっていない「家電もどき」といえる。

電化の波が暮らしにも押し寄せた昭和 30 年代、右奥の火鉢、アンカ、コタツなど、熱源を電化しつつも外観は古くからの民具の姿を呈する暖房器具と、左奥の電気ストーブのようなモダンで斬新なデザインの暖房器具が共存していた。

⑩ 民具の顔の家電

寒い季節には欠かすことができない暖房器具。日常の暮らしのなかに電化製品が急速に普及していった昭和30年代には、暖房器具にも電化の波が大きく広がっていくこととなった。

昭和30年代半ば頃の家電メーカーのカタログやチラシには、非常にたくさんの種類の暖房用電化製品が並んでいる。

電気ストーブ、電気火鉢《ひばち》、電気コタツ、電気アンカ、電気毛布、電気敷布《しきふ》、電気座布団《ざぶとん》、電気足温《そくおん》器《き》、電気羽織《はおり》、電気ズボンなど、定番のものから珍奇《ちんき》に見えるものまで実に多様である。

そして、かつては炭火を熱源としていた暖房器具が、基本的形態はそのままに熱源が電化されたものも多い。電気火鉢、電気コタツ、電気アンカなどがそうであるが、

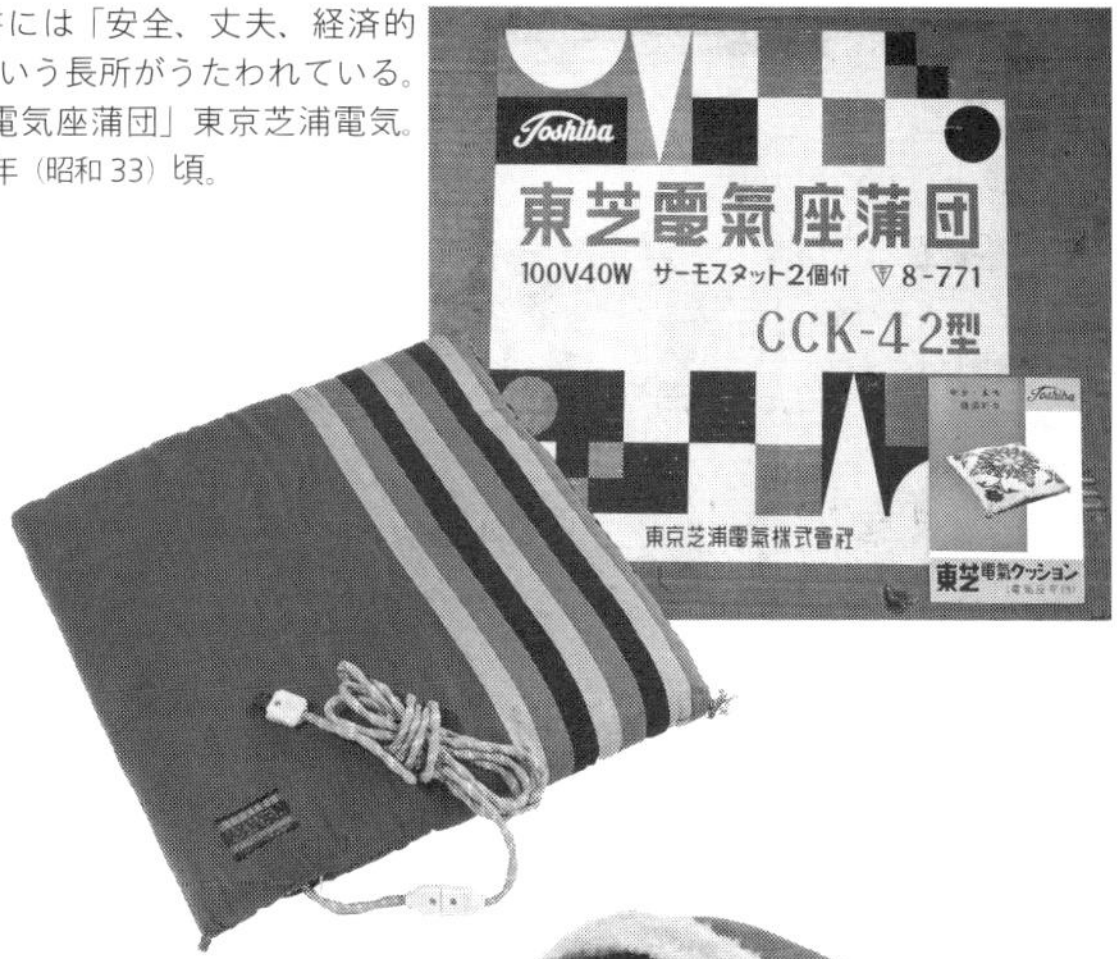

説明書には「安全、丈夫、経済的な」という長所がうたわれている。「東芝電気座蒲団」東京芝浦電気。1958年（昭和33）頃。

炭火に代わって電熱器が熱源となった「電気火鉢」。炭火の火鉢と同様に灰を入れた状態で使用する。日立製作所。昭和30年代。

ビロード貼りの「ナショナル電気足温器」。松下電器産業。昭和30年代。

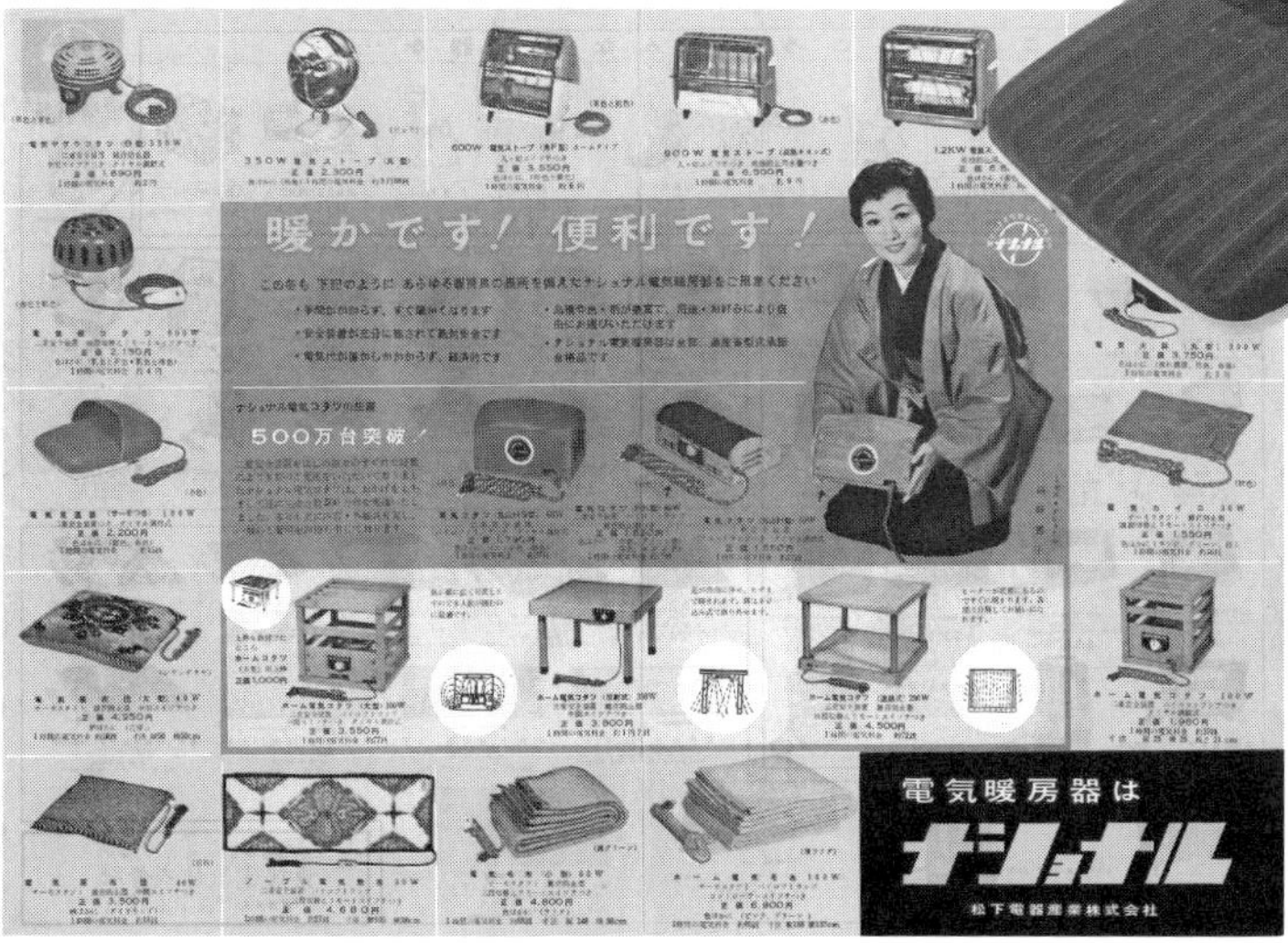

「手間がかからず、すぐ暖かくなります」と、電気暖房器具の一番の長所が宣伝されている。チラシ「電気暖房器はナショナル」松下電器産業。昭和30年代。

伝統的な民具から電化製品へと移行していく時期の過渡期的なものと位置づけることができるだろう。

　こうした当時の暖房用電化製品のカタログやチラシの宣伝文句には、「安全」「便利」「手軽」という言葉が頻繁に使われている。電化の波が押し寄せる以前の暖房器具の代表、火鉢や行火《あんか》が炭火を熱源とするため、火事ややけどの危険、火をおこす手間などがあったことに対して、電気の使用により安全性が高まったこと、手間や時間をかけずにスイッチひとつですぐに暖かくなること、という暖房用電化製品の最大の長所がこうした言葉で強調されている。

一人ひとりのキオクが展示を千差万別にする

階段を上がって3階のフロアに近づき展示の片鱗が見え始めると「おーっ、懐かしい」、「すごーい、なにこれ」といった「意外」と「感動」のこもった言葉を多くの方が発する。

さらに1歩、展示会場に足を踏み入れると、目に入ったモノを笑顔と大きな声で説明しはじめる。その説明は、学芸員がする解説とは異なり、自身の体験を交えたオリジナリティあふれるものとなる。

博物館の展示品は、均一の情報を提供する。が、ここでは、経験の相違などによって展示の受け取り方は多様となる。

博物館の資料である過去のモノたちが、懐かしさというチカラを発揮し、来館者に感動や感傷を提供し、言葉を発しての交流を促すミュージアム、それが昭和時代の暮らしに特化した「昭和日常博物館」である。

昭和日常博物館の試み

昭和が平成となり30年、四半世紀以上が経過した。最近、テレビ番組などでは、懐かしいレトロな雰囲気を「昭和だね」、「昭和の人間だからさ」と表現している様子を頻繁に目にするようになった。

昭和時代は60年余り、前半と後半では生活様式が激変する。昭和30年代には、「三種の神器」と呼ばれるテレビ、冷蔵庫、洗濯機が登場し普及していった。昭和日常博物館では、昭和時代の暮らしの激変ぶりをモノで残し記録し、活用していくという試みを展開している。10万点を超える生活資料が集まり、約1万点を展示している。

昭和時代のごくありふれた日常生活で使われた品々だからこそ、多くの来館者のキオクを揺さぶり、笑顔を引き出している。

懐かしさを共有する——回想法

館内には、昭和の暮らしで使われた電化製品などの道具や菓子・食品などのパッケージが展示してある。こうした過去に実際使ったり食べたりしたモノを見ると、自然に当時のキオクがよみがえり、その思い出を語らずにはいられなくなるようである。家族、友だちなど楽しげな表情で語り合う姿をよく見かける。

洗濯板とたらい、しぼり機のついた電気洗濯機の前で「子どもの頃、よく洗濯の手伝いをしたけど、洗濯板で洗うのはつらかったねー」、「でも、電気洗濯機を買ったときは、私はテレビより感動した」といった会話が聞かれる。言葉とともに洗濯板で洗うしぐさや、右手をクルクル回して電気洗濯機についていたローラー式のしぼり機を使うしぐさをする方も多く、展示を見ながらモノだけでなく周辺のキオクにまで話が及んでいる。

回想法とは、懐かしい思い出、記憶を語り合うことで、脳を活性化し、心身を元気にする心理・社会的アプローチである。昭和日常博物館で見られるこの風景こそが、回想法だといえるのである。

地域とミュージアムの深い関わり

回想法は、地域に暮らす高齢者を元気にしていくプロジェクトとして活用されている。北名古屋市では、昭和日常博物館と高齢者ケア・認知症予防・健康推進などを推進する福祉関係の部局とが連携を図った「思い出ふれあい（回想法）事業」を平成14年（2002）から実践している。私たちは、これを「博福連携」と名づけ、活動の軸のひとつとしている。高齢者が思い出を語り合う「回想法スクール」に始まり、参加した方々は「いきいき隊」として活動を継続することで健康を維持、さらに、子どもたちと世代間交流を図っている。

暮らしを比較する視点

昭和時代、なかでも昭和30年から40年代という暮らしが激変した時代を記録していくため、当時の生活資料を収集し展示している。また、暮らしの変化を記録するため、変化する前と変化後の生活資料も収集している。

たとえば、洗濯の道具を取り上げてみれば、洗濯板とたらい、昭和20年代の撹拌式《かくはんしき》電気洗濯機、昭和30年代のローラー式のしぼり機付電気洗濯機、昭和40年代の洗濯漕と脱水槽の2槽からなる2槽式電気洗濯機といった具合である。さらに、洗濯関係の資料として、固形石鹼、粉末石鹼を取り揃えている。

ひとつの視点として、その変化を追うために全自動洗濯機やドラム式洗濯機は博物館に必要となるか？を考えはじめている。また、平成の道具を始点にさかのぼって比べるという視点、さらには、こうした比較から現代社会の課題を考え、解決するという視点も生まれてくる。

「昭和日常博物館」として、昭和時代の暮らしの細部に及ぶ生活資料を収集・展示している博物館だからこそ、「平成日常博物館」というコンセプトを試案している。

写真提供（敬称略）

・北名古屋市歴史民俗資料館
・大口京子
・加藤喜久枝
・小池喜久子
・半田力雄
・半田説子
・半田和也
・福永直吉
・吉田洋子

資料協力（敬称略）

・今井由紀夫
・佐溝力
・芝原秀夫
・株式会社ひまわりや
・株式会社ルネ

北名古屋市歴史民俗資料館
昭和日常博物館

〒481-8588 愛知県北名古屋市熊之庄御榊 53
開館時間：午前 9 時から午後 5 時まで
休館日：毎週月曜日
＊ただし祝日のときは開館し、その日後の最初の休日でない日
館内整理日（毎月末日）
＊ただし、日曜日又は月曜日のときはその日後の最初の休日又は休館日でない日
特別整理期間・年末年始
交通：名鉄名古屋駅から犬山線で西春駅下車
徒歩 25 分（タクシーあり 10 分）
電話：0568-25-3600
HP：http://www.city.kitanagoya.lg.jp/rekimin/

[著者紹介]

市橋芳則（いちはし・よしのり）

北名古屋市歴史民俗資料館館長（学芸員）。1963 年、愛知県犬山市生まれ。

1986 年、南山大学文学部人類学科卒業。1988 年、南山大学大学院博士前期課程（文学研究科文化人類学専攻）修了。

著書に『昭和路地裏大博覧会』（2001 年）、『キャラメルの値段』（2002 年）、『昭和夏休み大全』（2004 年）、

『昭和に学ぶエコ生活』（2008 年）（いずれも河出書房新社）など。

伊藤明良（いとう・あきら）

北名古屋市歴史民俗資料館学芸員。1974 年、愛知県名古屋市生まれ。

2004 年、南山大学大学院博士後期課程（文学研究科文化人類学専攻）修了。博士（文学）。

これまでに担当した展覧会は「ショウワ・キュイジーヌ――伝統と革新の食卓を囲んで」

「大エジプト・柄・展一時を超える驚異の昭和ノスタルジック・エジプト柄コレクション」など。

[執筆分担]

市橋芳則：004-055、060-063、068-087、091、094-103、110-117、122-149、155-156、161-163、166-167
伊藤明良：056-059、064-067、088-090、092-093、104-109、118-121、150-154、157-160、164-165

らんぷの本
mascot

昭和少年少女ときめき図鑑

2018 年 9 月 20 日　初版印刷
2018 年 9 月 30 日　初版発行

著者　市橋芳則＋伊藤明良
発行者　小野寺優
発行所　株式会社河出書房新社
〒 151-0051
東京都渋谷区千駄ヶ谷 2-32-2
電話　03-3404-1201（営業）
03-3404-8611（編集）
http：//www.kawade.co.jp/
装幀・レイアウト　松田行正＋日向麻梨子
印刷　凸版印刷株式会社
製本　大口製本印刷株式会社
Printed in Japan

ISBN978-4-309-75033-0
落丁本・乱丁本はお取り替えいたします。